跨境电商
数字化时代电商实操全案

陈宜晖◎著

电子工业出版社
Publishing House of Electronics Industry
北京·BEIJING

内 容 简 介

随着经济全球化和电子信息技术的发展，跨境电商在国际贸易中的地位日益凸显。同时，随着这一产业的持续增长，跨境电商业务受到了更多企业的关注。本书就以跨境电商为切入点，详细拆解数字时代下跨境电商的运营方案。

本书分为跨境电商实操篇和跨境电商平台篇上下两篇。在上篇，本书介绍了跨境电商的运作模式、商品选择、营销之战、视觉美工、客户服务、收付款方式、跨境物流等内容，让卖家对跨境电商的运营流程有一个清晰、全面的理解。在下篇，本书对亚马逊、阿里巴巴国际站、独立站、速卖通等跨境电商平台进行了讲解，让卖家能够有针对性地了解不同平台的运营规则和方法，指导卖家店铺运营。无论是 B2B（business to business，企业对企业电子商务）还是 B2C（business to consumer，企业对顾客电子商务）的卖家都可以通过阅读本书实现更好的跨境电商运营。

未经许可，不得以任何方式复制或抄袭本书之部分或全部内容。
版权所有，侵权必究。

图书在版编目（CIP）数据

跨境电商：数字化时代电商实操全案 / 陈宜晖著. 北京：电子工业出版社，2024.6. -- ISBN 978-7-121-48081-2

Ⅰ. F713.365.2

中国国家版本馆 CIP 数据核字第 2024V5Z968 号

责任编辑：刘志红（lzhmails@163.com）　　特约编辑：王雪芹
印　　刷：北京天宇星印刷厂
装　　订：北京天宇星印刷厂
出版发行：电子工业出版社
　　　　　北京市海淀区万寿路 173 信箱　邮编：100036
开　　本：720×1 000　1/16　印张：13　字数：208 千字
版　　次：2024 年 6 月第 1 版
印　　次：2024 年 6 月第 1 次印刷
定　　价：86.00 元

凡所购买电子工业出版社图书有缺损问题，请向购买书店调换。若书店售缺，请与本社发行部联系，联系及邮购电话：（010）88254888，88258888。

质量投诉请发邮件至 zlts@phei.com.cn，盗版侵权举报请发邮件至 dbqq@phei.com.cn。
本书咨询联系方式：18614084788，lzhmails@163.com。

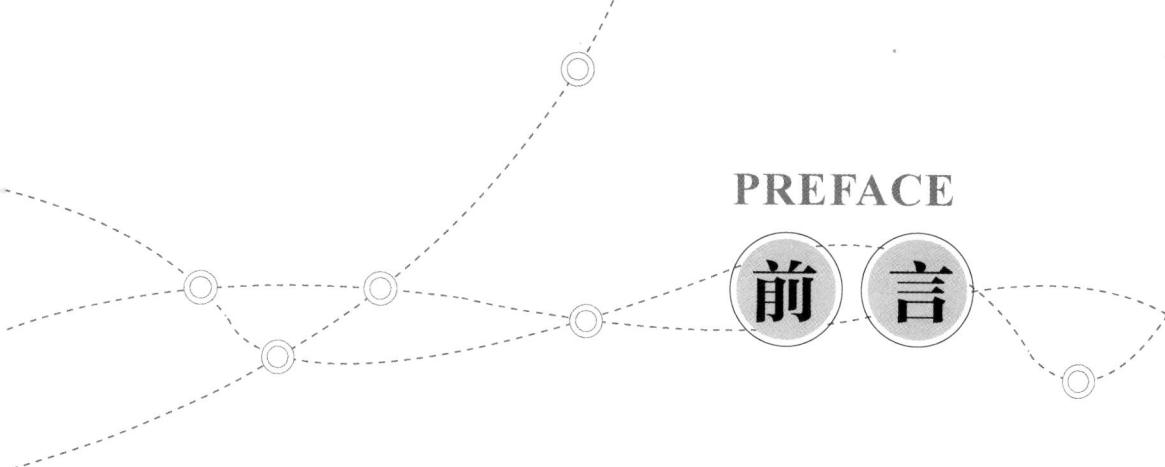

PREFACE 前言

跨境电商一直是很多企业重点关注的领域。近几年来，跨境电商出口规模持续增长。海关总署公布的数据显示，2023年我国跨境电商交易额进一步增长，达2.38万亿元，实现了15.6%的增长。跨境电商成为推动我国贸易增长的重要力量。

在快速发展趋势下，跨境电商也呈现出了竞争日益激烈、卖家渠道多元化、数字化运营升级、全球诸多市场升温等特点。同时，跨境电商的头部效应更加明显，拥有品牌与资源优势的大卖家更容易获得流量，而中小卖家的生存将更加艰难。在新的跨境电商市场中，卖家应如何应对更加激烈的竞争？如何进一步完善店铺运营，提升自身竞争力？本书聚焦跨境电商运营，系统讲解数字化时代下跨境电商运营的方法论。

本书分为上下两篇。在上篇跨境电商实操篇中，本书首先对当下跨境电商的发展现状、主流运营模式、跨境电商的发展趋势等进行了讲解，让读者全面了解当下的跨境电商现状和未来发展趋势。其次，本书从商品选择、营销之战、视觉美工、客户服务、收付款方式、跨境物流等细节出发，拆解跨境电商整体运营流程，并详细介绍了不同环节中，卖家需要注意的要点。

在下篇跨境电商平台篇中，本书对亚马逊、阿里巴巴国际站、独立站、速卖通等当下主流的跨境电商平台进行了分别讲解，涉及不同平台的优势、运营规则、运营方法等，有针对性地对不同跨境电商平台上的卖家提供帮助。

从内容上看，本书逻辑清晰、内容完善，不仅拆解了跨境电商运营实操的各个环节，更是以不同跨境电商平台为落地点，具体讲解了不同平台的运营策略。读者可以从本书上篇内容中了解跨境电商运营各环节的实操方法，再结合下篇具体跨境电商平台的运营方法，综合整理出适合自己的完善的跨境电商运营方案。

本书将理论与实践相结合，既讲解了丰富的跨境电商运营的理论知识，又指出了具体的实操方法，十分具有指导性。同时，本书还穿插了一些经典跨境电商运营案例，可以为卖家运营店铺提供借鉴。此外，本书在语言叙述上也做到了通俗易懂，让更多读者在轻松阅读中学到知识。

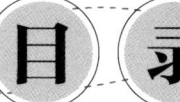

上篇　跨境电商实操篇

第1章　跨境电商——做好对跨境电商的初步了解 003
1.1 探析跨境电商的现状 003
1.1.1 现状一：正处于"风口" 004
1.1.2 现状二：典型特性逐渐凸显 005
1.2 揭秘跨境电商的五大运营模式 006
1.2.1 海外代购模式：两种运营玩法 007
1.2.2 直发模式：实现客户需求的无缝对接 008
1.2.3 自营模式：两种经典类型+特点 009
1.2.4 导购模式：跨境电商中的"轻运营" 010
1.2.5 闪购模式：限时特卖、定期推出商品 011
1.3 把握跨境电商的发展趋势 012
1.3.1 利润是核心关注点 013
1.3.2 从粗放模式转向精细化模式 014
1.3.3 从卖"无牌"转变为卖"品牌" 016

1.3.4 品质电商释放跨境电商发展新机遇 ·································· 018

第2章 商品选择——商品选得好，打造出爆款不再是梦 ···················· 020

2.1 商品选择的"四定" ·· 020
2.1.1 第一定：定目标市场 ·· 021
2.1.2 第二定：定商品类目 ·· 022
2.1.3 第三定：定商品 ··· 023
2.1.4 第四定：定供应商 ·· 025

2.2 商品选择的方法 ·· 027
2.2.1 商品选择需要关注的两大要点 ·································· 027
2.2.2 以跨境电商平台作为搜索平台选择商品 ···················· 029
2.2.3 浏览国外网站选择商品 ··· 030
2.2.4 根据供应商选择商品 ·· 032
2.2.5 需要规避的选品雷区 ·· 032

2.3 为商品定价的三种策略 ··· 034
2.3.1 基于成本进行商品定价 ··· 034
2.3.2 基于竞争对手进行商品定价 ······································ 035
2.3.3 基于商品价值进行商品定价 ······································ 036

第3章 营销之战——打好提升客流量的"重要一枪" ····················· 037

3.1 跨境电商常用的营销手段 ·· 037
3.1.1 SEM+SEO：搜索引擎营销+搜索引擎优化 ················ 038
3.1.2 社交媒体营销：步骤+策略 ······································· 039
3.1.3 邮件营销：流程+方法 ·· 041
3.1.4 Meta营销：策略+技巧 ··· 043

3.2 不同行业有不同的营销招数 ··· 044

    3.2.1　3C 行业的营销招数 045
    3.2.2　服装行业的营销招数 046
    3.2.3　玩具行业的营销招数 048
  3.3　适合跨境电商的大促活动 050
    3.3.1　针对新品的大促活动：新品推广是关键 050
    3.3.2　针对清仓商品的大促活动：注意事项+方法 052
    3.3.3　针对特殊节日的大促活动：方法+技巧 054

第 4 章　视觉美工——为买家打造一份直击内心的"美" 056
  4.1　用规范化的图片吸引客户 056
    4.1.1　图片尺寸规范化 057
    4.1.2　图片品质规范化 058
  4.2　广告图的点爆之道 059
    4.2.1　主图与辅图设计：规则+技巧 060
    4.2.2　海报图设计：要点+范例 063
    4.2.3　详情页设计：内容+要点 065
  4.3　为店铺设计精美的装修 067
    4.3.1　店铺装修需要注意的问题 067
    4.3.2　店铺装修文案设计 068
    4.3.3　店铺装修色彩搭配 070

第 5 章　客户服务——服务足够到位，买家才会感到满足 072
  5.1　做好客户服务的几项必备能力 072
    5.1.1　在商品方面的专业能力 073
    5.1.2　对跨境电商流程的掌握能力 073
    5.1.3　出色的售后服务能力 074

5.2 客户服务工作的最终目标 076
5.2.1 有效保障账号安全 076
5.2.2 避免不必要的售后问题 077
5.2.3 积极推动交易 078

5.3 如何提高客户服务的质量 079
5.3.1 积极收集并分析买家的反馈 079
5.3.2 提供确凿证据及通俗化的解释 080
5.3.3 采用迂回的沟通技巧，诚恳地解决问题 081
5.3.4 提出多套解决方案，让买家自己选择 083

第6章 收付款方式——用最对的方式，流通最安全的钱 084

6.1 选择收付款方式时的误区 084
6.1.1 误区一：低费率=低总成本 084
6.1.2 误区二：失去迅速获取款项的权利 085

6.2 跨境电商常用的收付款方式 086
6.2.1 电汇：经久不衰的传统方式 086
6.2.2 西联汇款：便捷迅速的方式 087
6.2.3 信用卡：流行于欧美地区的方式 088
6.2.4 国际支付宝：功能丰富的支付方式 089
6.2.5 Paypal：使用率较高的方式 090
6.2.6 WorldFirst：提供全球支付解决方案 091

6.3 选择收付款方式时的要点 092
6.3.1 有的放矢：充分考虑自身及市场的特点 092
6.3.2 注重安全：仔细分辨收付款的风险 093

第7章 跨境物流——打通跨境电商"最后一千米" ·············· 095
7.1 跨境物流五大模式分析 ·············· 095
7.1.1 邮政包裹模式：便宜、覆盖率高 ·············· 095
7.1.2 国际快递模式：DHL、FedEx、UPS、TNT ·············· 097
7.1.3 国内快递模式：不断拓展跨境物流业务 ·············· 098
7.1.4 专线物流模式：成本低、速度慢 ·············· 099
7.1.5 海外仓储模式：受到业内的广泛推崇 ·············· 100
7.2 选择跨境物流的技巧 ·············· 102
7.2.1 当下跨境物流的痛点 ·············· 103
7.2.2 考虑商品的特点：尺寸+质量+价值+时效性 ·············· 104
7.2.3 结合具体的时机：淡季 or 旺季 ·············· 105
7.2.4 挑选跨境物流服务商的四大要素 ·············· 107
7.3 海关清关 ·············· 108
7.3.1 各海关清关要求 ·············· 108
7.3.2 如何应对海关扣关 ·············· 110

下篇 跨境电商平台篇

第8章 亚马逊：以品牌为主导的跨境电商平台 ·············· 115
8.1 亚马逊详细介绍 ·············· 115
8.1.1 亚马逊的费用 ·············· 115
8.1.2 亚马逊的规则 ·············· 118
8.1.3 亚马逊账户注册方法 ·············· 118
8.2 如何在亚马逊选品 ·············· 120
8.2.1 独特的亚马逊选品方法 ·············· 120

- 8.2.2 亚马逊建议的选品的逻辑 ··· 122
- 8.2.3 亚马逊自带工具及第三方工具 ·································· 123
- 8.2.4 亚马逊对商品的限制 ··· 125
- 8.2.5 选品后的成本核算 ··· 125

8.3 创建商品详情页 ·· 126
- 8.3.1 亚马逊分配流量的方法 ·· 127
- 8.3.2 制作商品详情页的原则 ·· 128
- 8.3.3 注重图片、A+页面和视频 ··· 129

8.4 利用营销广告进行站内引流 ·· 134
- 8.4.1 为什么要打广告 ·· 135
- 8.4.2 广告对买家购买决策的影响 ······································ 135
- 8.4.3 亚马逊中的广告分类 ·· 136
- 8.4.4 不同阶段的营销策略 ·· 137

8.5 运营优化和调整 ·· 139
- 8.5.1 商品详情页调整 ·· 139
- 8.5.2 影响广告营销效果的3个指标 ···································· 140

第9章 阿里巴巴国际站——B2B领域的电商跨境平台 ··············· 143

9.1 拆解阿里巴巴国际站 ··· 143
- 9.1.1 核心特点：跨境B2B模式 ··· 144
- 9.1.2 多重优势：为卖家提供一站式服务 ····························· 144
- 9.1.3 入驻条件+入驻流程 ·· 145

9.2 店铺精细化运营 ·· 146
- 9.2.1 明确店铺定位和店铺优势 ·· 147
- 9.2.2 商品页素材整理 ·· 147

    9.2.3 收集关键词，扩充关键词库 ········· 149
    9.2.4 商品发布与删除 ··················· 150
    9.2.5 P4P直通车广告投放 ··············· 152
    9.2.6 根据数据分析结果进行店铺优化 ··· 153
  9.3 阿里巴巴国际站规则详解 ················ 154
    9.3.1 商家经营类目规范 ················· 155
    9.3.2 搜索排序规则 ····················· 156
    9.3.3 评价体系规则 ····················· 157
    9.3.4 质保售后服务规范 ················· 158

第10章 独立站——专属卖家自己的跨境电商平台 160
  10.1 跨境电商独立站的优势 ················· 160
    10.1.1 摆脱第三方限制，成本低且规则开放 ··· 161
    10.1.2 获得更多数据，实现数据价值深度挖掘 ··· 161
  10.2 如何搭建独立站 ······················· 163
    10.2.1 选择合适的域名 ·················· 164
    10.2.2 选择合适的建站平台 ·············· 165
    10.2.3 网站板块规划与网页设计 ·········· 169
    10.2.4 搭建便捷的支付系统 ·············· 171
    10.2.5 设置跨境物流 ···················· 172
  10.3 独立站运营策略 ······················· 174
    10.3.1 社交媒体运营：获取私域流量 ······ 174
    10.3.2 邮件运营：做好电子邮件营销 ······ 176
    10.3.3 KOL合作运营：实现借势传播 ······ 177
    10.3.4 活动运营：设置完善的促销策略 ···· 179

第 11 章　速卖通——属于阿里巴巴的跨境电商平台 ·················· 182

11.1　如何在速卖通开店 ·················· 182
- 11.1.1　速卖通的入驻要求 ·················· 183
- 11.1.2　速卖通的开店流程 ·················· 184

11.2　速卖通详细介绍 ·················· 185
- 11.2.1　速卖通的销售计划 ·················· 185
- 11.2.2　速卖通的优势特点 ·················· 186
- 11.2.3　速卖通的收费明细 ·················· 187
- 11.2.4　速卖通禁限售商品清单 ·················· 188
- 11.2.5　速卖通的翻译服务 ·················· 189

11.3　速卖通相关规则"大盘点" ·················· 190
- 11.3.1　速卖通搜索排名规则 ·················· 190
- 11.3.2　速卖通知识产权规则 ·················· 192
- 11.3.3　速卖通交易规则 ·················· 193
- 11.3.4　速卖通放款规则 ·················· 194
- 11.3.5　速卖通评价规则 ·················· 194
- 11.3.6　速卖通促销规则 ·················· 195

上 篇

跨境电商实操篇

第1章
跨境电商——做好对跨境电商的初步了解

当前，面对激烈的市场竞争，很多企业都在探索更多出路，而跨境电商就是企业更新盈利模式、获得新利润的机会。在这种情况下，越来越多的企业开始布局跨境电商业务。跨境电商业务并不好做，在布局跨境电商业务之前，我们首先要对跨境电商有一个初步的了解，了解跨境电商的现状、运营模式、发展趋势等。

1.1 探析跨境电商的现状

当前，在基础设施完善、需求增多、技术发展等因素的影响下，跨境电商已经进入风口期。同时，在长久的发展中，跨境电商的典型特性越来越明显。这些都为更多企业进入跨境电商领域提供了机会。

1.1.1 现状一：正处于"风口"

2024年4月，海关总署公布的数据显示，2024年一季度，我国跨境电商进出口额为5776亿元，实现了9.6%的增长，市场规模保持稳定增长。这整体上显示了跨境电商的发展现状。当前，跨境电商凭借线上化交易、交易链条短等优势，实现了稳定发展。同时，在供应链不断完善、企业数字化转型、数字技术发展等的趋势下，跨境电商已经进入风口期，如图1-1所示。

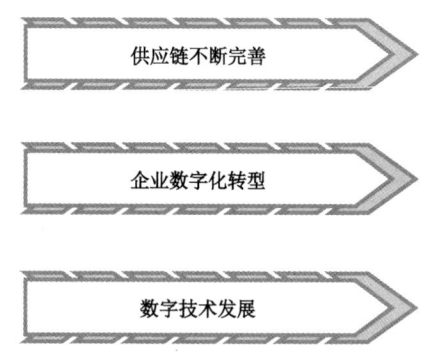

图1-1 跨境电商已经进入风口期的影响因素

1. 供应链不断完善

制造业的不断发展为企业发展跨境电商业务提供了有利条件。同时，供应链体系的不断完善，使上下游的结合更加紧密，这为跨境电商提供了坚实的供给侧基础。

2. 企业数字化转型

当前，数字化转型成为企业发展的普遍趋势。基于此，越来越多的企业客户完善了线上采购业务。这使得跨境电商的客户群体扩大，同时客户需求也不断增多,为跨境电商的发展起到了推动作用。

3. 数字技术发展

数字技术的发展降低了企业进入国际贸易市场的门槛。数字技术的应用不仅降低了贸易进出口的成本,还使海内外交易双方的交流变得更加流畅,物流也更加快速,使更多企业能够承担得起获取跨境订单、支付跨境物流的费用。在技术支持下,更多企业得以进入跨境电商赛道。

1.1.2 现状二:典型特性逐渐凸显

在众多企业的参与下,跨境电商业务已经走向成熟。在这一过程中,其典型特性也逐步凸显。具体而言,跨境电商具有以下6大特性,如图1-2所示。

图1-2 跨境电商的6大特性

1. 全球性

跨境电商基于互联网的普及,具有全球化的特性。用户只要具备一定的技术能力,就可以随时随地在互联网中进行交易。

2. 无形性

跨境电商的业务发生在互联网中,从买家浏览商品、咨询,到下单、发货、售后,整个流程都在线上进行,不需要固定交易场所。

3．匿名性

跨境电商的全球性、无形性决定了其匿名性，买卖双方都很难识别对方的身份、位置等。

4．即时性

跨境电商商品信息、交易信息的传递具有即时性。一些支持线上传递的产品甚至可以实现即时结算交付。

5．可追踪性

跨境电商在整个交易中记录沟通、下单、物流、支付等信息，买家可以实时查看商品的配送状态、运输状态等。

6．多边化

跨境电商交易过程中的信息流、物流、资金流等逐渐从双边向多边方向演变。企业可以通过不同国家的交易平台、结算平台、物流平台等与来自世界各地的买家进行交易。跨境电商从链条化转向网状形态，各企业形成了相互连接的生态系统。

1.2 揭秘跨境电商的五大运营模式

在跨境电商高速发展之下，其运营模式也越来越多。跨境电商的运营模式主要有海外代购模式、直发模式、自营模式、导购模式、闪购模式5种，每一种模式都有各自独特的运营方式。

1.2.1 海外代购模式：两种运营玩法

海外代购模式指的是身处海外的卖家在海外购买好买家指定的商品，再通过跨境物流寄给买家。从运营模式上来看，海外代购模式包括两种运营方法，如图1-3所示。

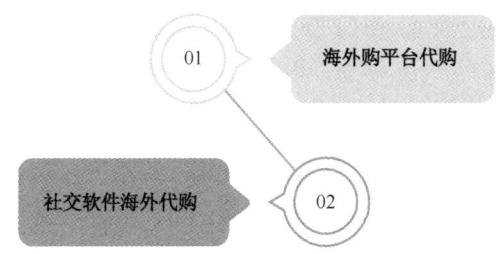

图1-3 海外代购模式的两种运营方法

1．海外购平台代购

海外购平台是一种连接卖家和买家的第三方平台。其中的卖家可以是企业，也可以是个人。卖家会从海外市场采购商品，将商品发布到海外购平台，待买家下单后，再将商品经过跨境物流寄给买家。同时，卖家也可以直接根据买家的需求购买相应商品，从而达成交易。

海外购平台可以让买家在购买海外商品时有更多选择。同样的商品可能在多家店铺中都有销售，便于买家货比三家。同时，淘宝全球购、京东全球购等海外购平台，也为买家提供了多样的平台选择。

以淘宝全球购为例，其凭借多种优势深受广大买家的青睐。

（1）品牌种类齐全：淘宝全球购平台吸引了各种服饰品牌、母婴品牌、奢侈品品牌的入驻，商品种类齐全。很多在专柜能买到的商品在平台中也可以买到。

（2）价格更加划算：淘宝全球购中的商品价格往往低于专柜价格，甚至可以达到专柜价格的 7~8 折。

（3）邮寄方式多样：淘宝全球购提供完善的寄送服务。如果是国内发货，一般的物流时间为 2~3 天；如果是国际直邮，则物流时间为一周左右。

2. 社交软件海外代购

社交软件海外代购主要依托微信朋友圈、微博等社交平台实现。卖家往往通过在朋友圈、微博中发布一些热度高的商品，吸引人主动询问，进而达成交易。久而久之，卖家可以在代购的过程中逐渐积累自己的客户，搭建社群，实现高效变现。

相较于海外购平台代购模式，社交软件海外代购模式可以接受买家的指定要求。例如，大部分买家都要购买某款口红，只有两三个买家想要购买某款粉底，这两三个买家便可以直接私聊卖家，谈好价钱，让其代购所需粉底。

相比而言，海外购平台代购模式能够汇聚更多的品牌、商品和买家，卖家既可以是个人，也可以是企业。而社交软件海外代购模式吸引的买家较少，卖家一般为个人。

1.2.2 直发模式：实现客户需求的无缝对接

直发模式的典型特点是可以实现生产厂家与客户的无缝对接。其运营逻辑是电商平台将买家的需求传达给生产厂家，由生产厂家负责将对应的商品送至买家手中。因为商品供应由生产厂家完成，所以直发模式体现的是一种第三方 B2C 模式。电商平台通过商品销售价格与商品批发价格的差价获得收益。

直发模式的优势在于其在商品方面有着深入拓展，发展空间广阔。同时，电商平台与海外供应商稳定的合作关系也为其商品供应提供了保障。此外，电商平台还会通过独立的跨境物流系统，或联手第三方跨境物流企业，保证商品的运输效率。

直发模式的典型代表包括天猫国际、洋码头等。

当前，天猫国际在全球范围内进行了广泛的市场研发。同时，在这一过程中，越来越多的厂家成了天猫国际的供应商。此外，在物流方面，阿里巴巴与多个国家的物流公司达成了合作。这为天猫国际的物流运输提供了强有力的保障。

洋码头也是采用直发模式的典型电商平台。在市场开拓方面，洋码头与上千家海外供应商建立了合作关系。为了保证商品的运输效率，洋码头在海外众多地区都建立了国际物流中转站，并与国际航空公司合作，实现了空运跨境运输。此外，洋码头已经早早取消了入驻费用，并为买家提供海外直邮的团购服务。基于以上优势，洋码头吸引了大量卖家入驻，也打下了坚实的用户基础。

1.2.3 自营模式：两种经典类型+特点

在自营模式下，大部分商品都需要电商平台自己准备，因此该模式是跨境电商运营模式中压力十分大的一种。从类型上划分，自营模式分为以下两种，如图1-4所示。

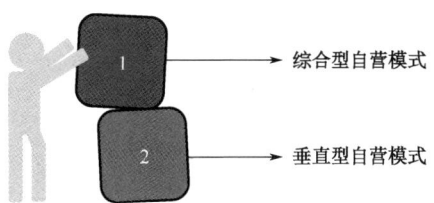

图1-4 自营模式的两种类型

1. 综合型自营模式

综合型自营模式的特点为海淘业务出售的商品往往以保税进口或海外直邮的方式入境。优势在于拥有强大的跨境供应链管理能力，能够从源头保证供应商商品的质量、及时跟踪商品的跨境物流运输流程等，拥有完善的跨境电商解决方案。

而它的不足在于平台业务的发展受政策影响大，一旦风向有变，平台的运营也会大受影响。

考拉海购就是一家典型的综合型自营平台，销售品类涵盖母婴产品、彩妆、服饰、食品、电子产品等多种类型。其秉持着自营直采的理念，在德国、意大利等多个国家和地区设有分公司，深入原产地挑选货源，从源头杜绝假货。同时，考拉海购融入了蚂蚁区块链溯源系统，层层把控产品质量。此外，考拉海购还提供快捷配送、30天退货等服务，为买家提供良好的购物体验。

2. 垂直型自营模式

垂直型自营模式的特点是平台的自营品类集中于某一特定范畴，如食品、奢侈品等。其优势与综合型自营模式相同，依然具有较强的供应商管理能力，不足之处为这一模式在前期需要大量的资金支持，发展较为艰难。

典型的垂直型自营平台包括聚焦食品的中粮我买网、聚焦母婴的蜜芽宝贝、聚焦奢侈品的寺库网等。以中粮我买网为例，中粮我买网是中粮集团有限公司旗下的食品类自营平台，经营的商品品类包括粮油、饼干蛋糕、果汁饮料、茶叶等约百种食品品类。基于便捷的购物形式和中粮我买网对食品品质、食品安全的追求，中粮我买网受到了很多用户的追捧。

1.2.4 导购模式：跨境电商中的"轻运营"

导购模式是一种"轻运营"的跨境电商运营模式，其运营主要包括两个环节：引流环节和商品交易环节。引流环节指的是通过发布导购资讯、在海淘社区论坛发布优惠信息等吸引流量。商品交易环节指的是买家看到这些信息后，点击站内链接向海外导购平台或者海外个人代购提交订单，便可以实现跨境购物。

为了提升商品种类的丰富度，这类导购平台往往会搭配海外C2C（consumer to consumer，顾客对顾客电子商务）代购模式运行。因此，导购模式也可以理解为海外购B2C模式和代购C2C模式的结合体。

一般情况下，导购平台会将自己的页面和海外电商的商品销售页面进行关联，一旦产生消费，海外电商就会给予导购平台一定比例的返点，而导购平台会将返点中的一部分回馈给买家。

导购模式定位于对信息流的整合，这种轻运营方式更加易于业务开展。同时，引流环节可以在短时间内为平台带来大量流量，可以充分了解买家的需求。但是，由于门槛低缺乏竞争力、缺乏把控跨境供应链的能力等，导购模式很难在长期发展中做大做强，也难以获得资本青睐。

小红书就是典型的内容社区导购平台。小红书最初就是面向海外留学生开放的社交平台，有着深厚的海外用户基础。同时基于海外用户与国内用户的融合，小红书也催生出了导购模式。

小红书的导购模式有两大优势。一方面，小红书具有浓厚的社群氛围、深厚的UGC（user generated content，用户生成内容）内容沉淀，内容覆盖美食、旅行、海外购物等多个方面。基于此，小红书中具有丰富、专业、可分享的商品测评内容，能够为用户购买商品提供参考。另一方面，小红书的用户基础良好，用户忠诚度高，能够通过不断强化品牌效应和口碑效应，持续推出爆款商品。

同时，小红书的导购模式也存在一些不足，如没有全套的跨境供应链追踪机制、十分依赖外部供应商等。同时，由于进入门槛较低，小红书的导购模式的竞争优势并不明显，难以形成竞争壁垒。

1.2.5 闪购模式：限时特卖、定期推出商品

闪购模式是一种第三方B2C运营模式，以限时特卖为形式，定期推出商品。这些商品往往以1～5折的超低折扣限时销售，持续时间一般为5～10天。

闪购模式具有独特的优势，一旦平台具有了一定的行业地位，就会形成流量、货源、用户等集中的平台优势。同时，闪购模式对平台货源、物流等环节

的综合运营能力有较高的要求，一旦这些环节存在疏漏，就会给平台造成巨大损失。

唯品会推出的"全球特卖"就属于典型的闪购模式。其以品牌折扣和限时抢购为特点。这一模式充分满足了用户需求：需求表达和供给的快速实现。其闪购模式的流程如下：

（1）采购人员与品牌商协调并达成合作，以低价采购品牌商的库存商品。在这个过程中，唯品会往往需支付一定比例的押金。

（2）唯品会以闪购模式开展商品促销活动。

（3）活动结束后，唯品会将剩余商品退还给品牌商。

闪购模式形成了唯品会运营的一大亮点。其优势表现在以下几个方面。一方面，唯品会商品的折扣力度高，售价往往低于用户心理预期，这在吸引更多用户的同时还能够刺激用户多次消费，使用户形成消费习惯。另一方面，唯品会本身提供的是一个电商平台，凭借闪购模式，其形成了平台运营成本较低、资金周转快等优势。

同时，闪购模式也使得唯品会面临一定压力。在该模式下，唯品会扮演的是一个中间商的角色。为了满足用户对于商品的需求、维持运营等，唯品会需要持续与更多品牌洽谈合作，不断丰富平台资源。一旦平台资源匮乏，整个运营模式的运转效率就会降低，发展也将陷入困境。

1.3 把握跨境电商的发展趋势

要想抓住发展跨境电商的机会，企业就需要把握跨境电商的发展趋势，在此基础上制定科学、完善的发展战略。整体来看，精细化、品牌化是跨境电商发展的主要趋势，也是企业需要关注的要点。

1.3.1 利润是核心关注点

无论跨境电商怎样发展，利润是核心的关注点。在竞争日益激烈的市场环境中，跨境电商卖家更要注意提高自身利润，保持长久的竞争力。在这方面，卖家需要关注两个要点，分别是提高销售额和降低成本。

1. 提高销售额

卖家的收入一般来源于商品的销售额，销售额公式为"销售额=流量×转化率×客单价"。卖家如果想要提高销售额，就要注重管理流量、转化率和客单价。

（1）流量

跨境电商的本质还是电商，因此引流是跨境电商运营的永恒话题。在转化率和客单价一定的基础上，流量越多，交易量就越大，销售额就会越高。

在这方面，卖家需要找到精准的深耕渠道，挖掘适合自己的买家圈子。同时，卖家需要细分商品营销路径，运用本地化软件达到精准营销的目的。此外，卖家需要在控制营销费用的基础上，提升店铺的流量，并做好店铺的流量留存管理。例如，如果店铺流量上升，转化率稳步提升，卖家就要保持店铺评分稳定，不断优化排名；相反，如果店铺流量下降，转化率下降，卖家就要调整营销推广策略，避免低质量流量冲击转化率。

（2）转化率

当流量进入店铺时，转化率越高，订单成交得越多。一般情况下，平台会优先将转化率高的商品排在搜索排名前列。除了与流量相关，转化率与产品受众、使用场景等也密切相关。所以，卖家一定要做好相关商品展示，清楚地告知买家商品是什么、有哪些功能、在哪些场景下使用，并结合相应的推广措施，如新品折扣、新人优惠等。

除此之外，卖家能够及时回复买家消息，优化售后服务，优化买家消费体验，也是提升店铺转化率的关键。

（3）客单价

客单价往往是经过严谨的前期调查制定出来的，但卖家也必须随时关注市场上同种类商品的价格变化。有时候客单价会受到成本、物流等因素变化的影响，卖家必须做出及时调整，保持自己在市场中的竞争优势。

2．降低成本

降低成本是每一个卖家的愿望，特别是对于一些本小利微的小商品来说，即使只是降低很少的一部分成本，也能在销售价格上显示出很大的优势。因此，成本管理是跨境电商精细化运营的重点关注对象，但是由于各类商品的成本构成较为复杂，分摊比重各不相同，各个平台的政策也不一样，导致卖家的财务计算周期长，失误率较高，往往上一期制定出的成本优化策略在下一期就失灵了，导致决策滞后。

在跨境电商中，物流成本在总成本中占比相对较大，一般会占到总销售额的三分之一，而在物流成本中，有相当一部分都可以通过控制转化为利润空间，如每个订单都可以选择不同的发货仓库和运输服务商，以节省成本，提升利润空间。

1.3.2 从粗放模式转向精细化模式

在行业竞争加剧、运营成本提升、用户需求提升等因素的影响下，过去跨境电商"流量+铺货+直发"的传统打法已经越来越吃力。企业要想在新环境下盈利，就需要转变模式，从以往的粗放模式转向精细化模式，抓住未来的发展机会。

精细化运营能够帮助企业以更少的投入获得更多回报。在流量越来越贵、产品同质化严重、用户选择越来越多的形势下，只有精细化运营每一个环节，才能够实现企业的持续盈利。

数据是做好精细化运营的关键因素。企业可以从以下几个方面推动精细化运营的落地，如图1-5所示。

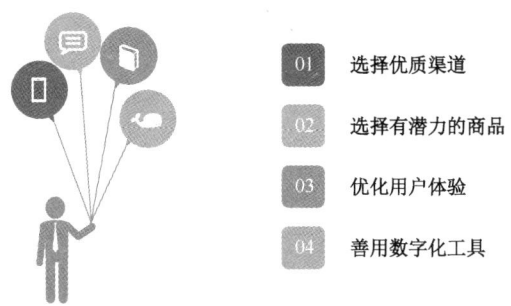

图1-5 企业推动精细化运营落地的方法

1. 选择优质渠道

选择优质的渠道对于企业而言至关重要。企业可以通过以下数据，分析该渠道是否适合自己产品的推广。

（1）根据访问量、用户数量等衡量渠道规模。

（2）根据新用户增长数据衡量渠道的拉新能力。

（3）根据跳出率、平均停留时长等衡量渠道获客的质量。

（4）根据加购数、加购率衡量渠道顾客的留存状况。

（5）根据销售量、电商转化率、客单价等衡量渠道顾客的购买能力。

2. 选择有潜力的商品

极具吸引力的商品是企业跨境电商业务持续发展的基础。因此，企业在商品方面也要精细化运作，根据自身的供应链资源、用户的喜好等，选择具有潜力的商品。

企业可以通过销量、转化率等因素对商品进行分级，把所有 SKU（stock keeping unit，最小存货单位）的销量进行排序，再根据 SKU 的转化率，将商品分为引流款、主打款、利润款等不同类型。在这个过程中，企业也可以把市场竞争、流行趋势等因素考虑进去，进行综合考量。

3. 优化用户体验

在精细化运营的过程中，企业应聚焦用户，收集全面的用户数据，并根据这些数据将用户按照不同的维度进行分类，再据此制定有针对性的用户运营策略，持续提升用户购物的体验。

此外，企业还需要持续地向用户传递有价值、丰富的内容，将更多的新流量转化为自己的用户，从而通过用户提升核心竞争力。

4. 善用数字化工具

跨境电商业务需要前端、后端等环节的协同运作，而实现各环节的协同运作能够达成更好的运营效果。在这方面，企业可以借助各种数字化工具在精细化运营中实现降本增效。

例如，在获客方面，企业可以借助数字化智能获客系统，借助大数据、人工智能等技术，通过社交媒体渠道获客。同时，系统对用户反馈数据的智能分析，也可以为企业的选品、服务迭代等提供数据支撑。

总之，无论是跨境电商领域的领军企业，还是刚刚进入这一领域的新手，都需要认识到跨境电商领域的竞争趋势，通过精细化运营持续提升自身竞争力。

1.3.3 从卖"无牌"转变为卖"品牌"

跨境电商从兴起发展至今，经历了"人无我有"的 1.0 时代和"人有我优"的 2.0 时代。而在未来，为了应对买方市场和激烈的竞争，企业需要积极打造自品牌，跟上自品牌打造 3.0 时代的趋势。

很多跨境电商的卖家为传统工厂企业，其拥有较强的生产能力，但对用户需求却并不敏感。这使得其无法满足海外买家的需求，无法精准抓住对方痛点，生产具有针对性的产品。同时，很多海外买家都会关注品牌，而很多企业在品牌建设方面却没有跟上买家的需求。

例如，2022 年，很多企业制造的电热毯由于物美价廉，很快火爆欧洲。为了满足欧洲买家的需求，这些企业对传统的电热毯进行了形状、耗电量等方面的优化。但这些优化始终聚焦的都是产品本身，没有对自身品牌进行重塑、宣传，没有动人的品牌故事引起买家共鸣。这使得企业错失了一次与欧洲买家建立情感连接的机会。

而在跨境电商发展的新时期，企业需要聚焦品牌化发展，更多地向海外买家展示自己的品牌，打造品牌价值。在这方面，企业需要从以下几个角度出发，打造自品牌，如图 1-6 所示。

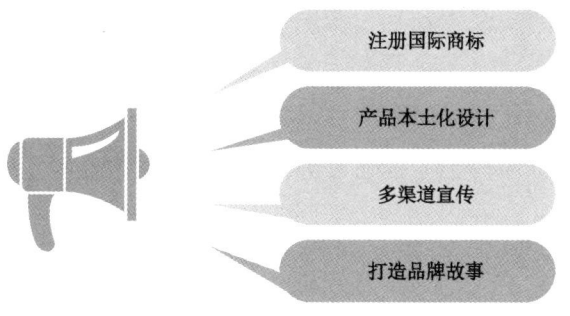

图 1-6　企业打造自品牌的方法

1．注册国际商标

跨境电商业务面对的局面要比单纯在国内的电商业务面对的局面复杂得多，注册国际商标能大大保障自己的权益。当企业的产品或商标被别人模仿时，能够做到有法可依。常用的国际商标注册途径有马德里商标国际注册、逐一国家注册等。

2．产品本土化设计

产品本土化设计是跨境电商品牌化打法的核心手段。不同市场的买家，对于产品外观和产品包装的偏好往往大不相同。因此，企业要根据不同市场买家的喜好设计产品的外观和本土化的包装，同时要设计出一个本土化的产品名称，让产品调性更加和谐。

3．多渠道宣传

企业需要通过多渠道宣传提升海外买家对于产品和品牌的认知度。除了通过电商平台、经销商等进行宣传外，企业还可以与海外的 KOL（key opinion leader，关键意见领袖）合作，通过直播、推文等手段，提升品牌的知名度。

4．打造品牌故事

企业需要为品牌设计一个动人的品牌故事。品牌故事可以以故事的形式快速传播企业的品牌理念，引起广泛共鸣，进而提升品牌附加值，实现品牌溢价。在打造品牌故事时，品牌创始人的经历、对于产品的坚持、遇到的问题和解决方法等都是写好品牌故事的要素。同时，品牌故事需要体现出品牌定位、品牌理念，展示出品牌对于用户的关怀。只有品牌故事足够打动人心，才能够更好地传递品牌价值。

1.3.4　品质电商释放跨境电商发展新机遇

在消费升级的趋势下，注重产品质量和服务体验的"品质人群"迅速崛起，规模不断扩大。在这一背景下，越来越多的企业开始瞄向品质电商之路，升级服务体验。跨境电商平台 Wish 就聚焦用户体验，进行了全新的战略转型。

首先，在产品品类运营方面，Wish 主推生活和家居类产品，包括各种电子产品、时尚产品、美容与健康产品等。目前，已有十余万件产品加入 Wish Fashion 项目。未来，Wish 将深化品类运营策略，搭建一个品类丰富、内容有趣的购物平台。

同时，Wish 的佣金也从以前的"一刀切"模式转变为阶梯式模式，实现了品类细分。这提升了平台产品的价格透明度，让用户能够在平台购买到更具性价比的产品。

其次，Wish 积极深化与平台商户的关系。2022 年 1 月，Wish 推出了邀请制入驻机制，积极引入优质商户。同时，其不断深化平台与商户间的合作关系，为商家建立起了公平、透明的营商环境。

同时，Wish 还积极从多方面赋能商户，主要表现在以下几个方面。

（1）在商户选择赛道、品类的过程中，Wish 会指导商户分析客户群体、关注经营中的关键数据节点，建立自己的产品壁垒。Wish 也会追踪不同市场在品类偏好上的差异，为商户打造爆款产品提供依据。

（2）推出商户促销平台，让商户具有更多自主营销权，可以自己制定运营规划，借助平台系统自主提报促销产品。

（3）通过店铺分级管理和各种数据动态评估店铺的发展潜力，激励商户布局长期运营目标。

最后，在物流方面，Wish 不断提升履约速度和准时送达率，在物流价格水平方面，也与以往基本持平。在退运方面，Wish 推出了新的经营准则，让具有高信赖度的商户拥有更大自主权。同时，Wish 关注商户的经济效益，支持对退货做出不同形式的安排，尽可能地提质增效，在保证商户经济效益的同时也为用户退货提供了保障。此外，为了提升物流效率，Wish 在多个国家搭建了海外仓，大大提升了商户运营效率和商品转化率。

在激烈的市场竞争下，只有具备优质产品、优质服务的品质电商，才能够受到用户的信赖和追捧，才能在市场中脱颖而出并长久发展。未来，Wish 将持续深化平台服务，提升服务品质，与全球商户、用户、合作伙伴等紧密合作，推动人、货、运的进一步升级。

第2章
商品选择——商品选得好，打造出爆款不再是梦

跨境电商是当前市场中的一大热点。很多卖家都想抓住机遇，获得更多利润。然而也有一些卖家积极入场却折戟而归，其中的很大一个原因就是选品不成功。跨境电商是一个商品为王的行业，只有选择出具有高质量、高性价比的优质商品，卖家才更容易打造出爆品，成功开展跨境电商业务。

2.1 商品选择的"四定"

要想实现科学选品，在选择商品环节，卖家就不能够直接进行单品选择，而是要做好定目标市场、定商品类目、定商品、定供应商等多方面的工作。"四定"工作是实现科学选品的有效保障。

2.1.1 第一定:定目标市场

在选择商品之前,卖家首先要进行目标市场调研,选择合适的目标市场。欧美市场、东南亚市场等不同市场的客户消费习惯、消费需求等都是不同的,卖家只有确定好目标市场,才能够有针对性地确定商品品类,进而选择出合适的商品。

跨境电商的目标市场调研主要包括以下几项内容,如图2-1所示。

图2-1 跨境电商目标市场调研的主要内容

1. 了解全球跨境电商的市场情况

基于互联网的连接,商品可以实现在全球范围内的销售。卖家需要考察全球跨境电商的发展趋势,分析其中存在的机遇,同时需要了解自己所在行业发展跨境电商业务的机遇及常见问题,做好应对准备。

2. 分析当前的跨境电商市场,寻找蓝海市场

全球跨境电商市场庞大,发展历史较为长久,竞争呈现白热化趋势的市场为其中的红海市场。该市场中竞争对手众多、利润空间有限。与之相对的,一些新兴的蓝海市场中的玩家相对较少,发展空间也更为广阔。卖家需要避开红海市场,进军蓝海市场。

当前,全球跨境电商的买家主要集中在北美、欧洲等经济相对发达的地区,市场需求很高,但相对地,这些市场中的竞争也十分激烈,同时买家对于商品质

量、购物体验等也有更高的要求。而在东南亚地区，虽然市场配套设施不够完善，但竞争强度相对较小，如果卖家熟悉当地市场，则可以从这些市场入局，以差异化市场开发策略赢得竞争优势。

3. 对潜在目标市场进行分析

经过以上分析，卖家往往可以找到几个具有潜力的目标市场。接下来，卖家就需要对这些目标市场进行更加细致的分析，了解不同市场中买家的消费习惯、生活习惯、节假日等；了解不同市场中哪些商品更受欢迎；了解不同市场所在地区的进口管制、海关制度等，进而最终选定一个更具潜力的目标市场。

此外，卖家在选择目标市场时也要综合考虑自身情况，选择适合自己的目标市场。例如，新手卖家一般不建议瞄准东南亚市场入局。东南亚市场零售单价比较低，缺乏海外仓支持，且时效性更差，导致整个交易周期较长，这会对新手卖家造成不小的压力。

如果卖家有一定的电商经验，也有自己的品牌和运营体系，则可以尝试从南美市场入局跨境电商。随着移动互联网的普及和发展，南美市场的购物需求持续增长，同时竞争也并不像欧美市场那样激烈，发展空间较大。

2.1.2 第二定：定商品类目

确定了目标市场之后，卖家就需要根据目标市场的需求，选定商品类目。

在这方面，卖家可以在亚马逊、eBay等平台上了解热销的商品类目。在平台上输入行业关键词，搜索框就会显示近期热门的商品类目搜索词。卖家可以从这些平台中搜集、整理相关商品类目关键词，再结合第三方选品工具进行分析，就能够找到当下热门的商品类目。

一般来说，休闲玩具类目、居家及装饰类目等十分火热的类目在很多地区都十分受欢迎，同时，不同地区的市场也有一些与众不同的受欢迎类目。例如，北美地区的消费者喜欢户外挑战和户外运动，因此户外运动商品类目十分受欢迎；欧洲市场对新能源产品的需求持续增加，太阳能电池板、照明应急灯等储能商品类目十分受欢迎。

此外，卖家也需要掌握必要的确定商品类目的技巧。

第一，所选的商品类目中没有巨头品牌。卖家要分析所选商品类目中的竞争情况，如果该类目中已经出现了几大极具竞争力的品牌，就会对卖家造成更大的竞争压力。因此最好选择没有巨头品牌的商品类目。

第二，选择流量大、需求高的商品类目。虽然竞争因素是卖家需要考虑的重要因素，但是也不能为了降低竞争强度选择冷门的商品类目。流量大、需求高的商品类目能够带来更多搜索量，更容易实现销售。

第三，关注商品类目的利润空间。在流量成本高、运营成本高的大环境下，如果没有足够的利润来源，那么跨境电商也难以运营成功。因此，卖家要关注利润空间大的商品类目，如化妆品类目、电子产品类目等。

在确定商品类目环节，卖家可以先确定一个范围较大的一级类目，再接着细分，确定对应的二级类目、三级类目。例如，如果卖家将服饰类目定为一级类目，那么精品女装、精品男装、运动服饰、商务正装等都可以是其下的二级类目，而风衣、针织衫、羽绒服等就是进一步细分的三级类目。清晰的商品类目划分能够为卖家选定商品锚定方向。

2.1.3 第三定：定商品

选定商品类目后，卖家接下来要做的就是挑选出在这个类目中需要销售的商品。在这个阶段，卖家需要通过多渠道了解多方面的商品信息，从而选择出具有爆款潜力、符合市场需求的商品。

具体而言，卖家可以通过以下几个途径收集商品信息，如图2-2所示。

图 2-2 卖家收集商品信息的途径

1. 谷歌趋势搜索关键词

谷歌趋势中有海量的搜索数据，能够通过全球数十亿条的搜索结果，向用户展示某个关键词于不同时期在谷歌被搜索的频率和统计数据。同时，它也能够以图表的形式直接展示出关键词搜索量的变化趋势。谷歌趋势是卖家分析产品市场的重要工具。卖家可以在谷歌趋势上搜索产品关键词，了解产品的热度和热度变化趋势。

2. 查看亚马逊内部榜单

卖家在选品时也可以根据亚马逊定期推出的各种榜单进行选品，如新品排行榜、波动排行榜、愿望清单排行榜等。通过这些榜单，卖家可以了解平台上的热门商品有哪些、哪些商品近期的销量暴涨等，进而选择出热门产品。

3. 查看国内线上批发网站

卖家也可以在 1688（全球综合性批发平台）、义乌购（中小商品供应平台）等国内批发网站中查看哪些商品卖得好。这些批发网站中往往会有一些比较新颖的商品，很容易受到买家的青睐。

4. 关注海外社交媒体平台热议话题

为了能够及时挖掘出市场中流行的商品，卖家可以关注 Meta、Twitter、

Youtube 等国外的社交媒体，关注平台用户讨论的热门话题，一旦发现某些商品引起了大众的广泛讨论，就快速切入，抓住流行商机。例如，曾经火爆一时的脏脏包、指尖陀螺等商品，都是通过社交媒体引爆的。

除从以上几个途径收集商品信息外，卖家还要了解什么样的商品更适合做跨境电商，可牢记以下要点。

（1）选择市场潜力大、利润率较高的商品。跨境电商的运营成本较高、交易周期较长，国内电商薄利多销的运营路径并不适合跨境电商业务，卖家需要选择具有市场潜力、能够带来更多利润的商品。

（2）选择适合国际物流、体积较小、不易破碎的商品。

（3）选择操作简单的商品。卖家需要选择不需要指导安装、操作简单的商品。需要指导安装的商品后续会产生较大的客户服务成本，压缩卖家利润。

（4）不违反平台规定和有关国家的法律法规。跨境电商平台往往会有一些禁售商品的规定，同时商品销售的目的国也有相应的禁售商品目录。卖家需要了解这些要求，不上架禁售商品。

总之，在选定商品的过程中，卖家需要通过多渠道寻找具有潜力的爆款商品，同时需要遵循商品选择的一些原则。只有这样，卖家才能够实现科学选品。

2.1.4 第四定：定供应商

确定了想要销售的商品之后，卖家接下来要做的就是选择优质的供应商了。市场中的供应商数量庞大，产品质量参差不齐，卖家需要擦亮眼睛，通过多方面综合分析，选择出优质的供应商。

具体而言，在选择供应商时，卖家可以从以下 5 个方面对供应商进行分析，如图 2-3 所示。

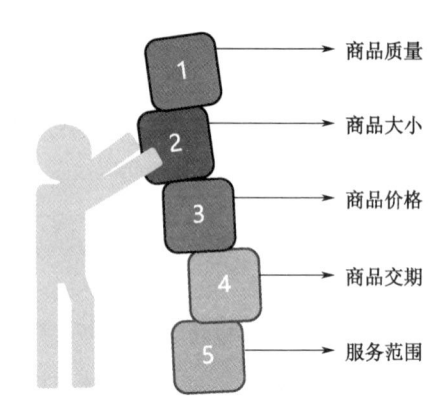

图 2-3　进行供应商分析的 5 个方面

1. 商品质量

商品质量是卖家选择供应商的第一要素。卖家需要建立一套完善的质量检测流程来判断供应商的商品是否符合标准。卖家可以从商品外观、商品性能、商品包装等方面考核商品，也可以查验商品的质量证书。

2. 商品大小

一些新手卖家在选品时往往会忽略商品的规格，导致商品在运输和存储的过程中出现问题。卖家在选择供应商时需要选定好国际运输方式，计算出符合自己需求的商品规格，避免利益受损。

3. 商品价格

商品价格是卖家选择供应商的重要因素。虽然商品价格越低越好，但卖家也不能只注重价格因素，而是要在价格的基础上综合考虑商品质量、商品服务等。卖家可以与同一品类的多家供应商进行沟通，选择出商品性价比较高的供应商。

4. 商品交期

商品的交期也是卖家需要关注的重要因素。如果供应商的交付能力较低，不能按时按量发货，那么卖家就可能会面临断货的风险，会对商品的排名造成不好的影响，甚至影响店铺的正常运营。因此，卖家需要从交付时间、交付问题解决能力、供应商口碑等多方面了解供应商的交付能力。

5．服务范围

优质的供应商的服务范围也大，往往可以提供一件代发、包装、贴标、发货、申诉应对等全流程的服务。卖家在选择供应商时要事先问好供应商的服务范围，选择服务完善、服务态度良好的供应商。同时，一些在行业内深耕多年的供应商对各电商平台的商品特征、商品要求、退货规则等有清晰的了解，能够为卖家店铺的平稳运营提供可靠的保障。

此外，为了保证库存和店铺的正常运营，卖家在选择供应商时不能只选择一家，需要联系一些备用供应商。这样一来，即使遇到订单暴增的情况，店铺也有能力应对。

2.2 商品选择的方法

在商品选择过程中，卖家需要关注诸多内容。卖家需要了解商品选择的要点、不同方法，同时也要注意规避雷区，避免落入陷阱。

2.2.1 商品选择需要关注的两大要点

在商品选择的过程中，卖家需要关注两大要点，分别是商品的市场和商品的利润空间。

1．商品的市场

在选择商品时，卖家首先要考虑商品市场有多大。如果盲目选择了远超商品市场容量的商品，即使商品质量再好，也很难完全销售出去。影响商品市场的因素主要有以下几点。

（1）消费者数量：几乎所有商品都有其固定的买家群体。例如，香水、口红的买家大多为经济状况较好的女性。所以卖家在选品之前，要对这类商品的主要买家数量有一定的预期。

（2）商品数量：商品数量会影响到市场的规模，买家购买得越多，商品市场就会越大。

（3）购买意愿：很多买家只是对某些商品感兴趣，但并不会有购买意愿。所以卖家要去主动了解买家的购买意愿有多大。卖家可以通过售后调查或发放问卷来完成这项调查。

（4）购买力：商品价格是衡量买家购买力的一种表现。如果商品定价过高，则买家的购买力就会下降。例如，某卖家出售一款语音机器人，共有两个型号，其中 A 型号的内芯比 B 型号的更先进，但功能却相差无几，B 型号则比 A 型号便宜 30 美元。对于大多数买家来说，明显 B 型号更符合他们的购买力。

2．商品的利润空间

商品价格与成本之间的差额实际上就是商品的利润空间，差额越大，利润空间越大，差额越小，利润空间越小。在成本一定的情况下，价格提得越高，利润空间越大，反之则越小。而在价格一定的情况下，成本压缩得越低，利润空间越大。因此，卖家要判断一件商品是否有足够的利润空间。卖家可以从以下两方面来综合评判。

（1）在价格一定的情况下

商品的利润空间取决于商品价格与成本之间的差额大小。在价格一定的情况下，如果商品的成本低，那么卖家的利润空间就会增大；反之，如果商品的成本高，则卖家的利润空间就会缩小。

（2）在成本一定的条件下

由于商品的利润空间受到商品价格与成本的共同影响，因此，在商品成本一定的情况下，商品价格越高，利润空间就会越大。

综上所述，商品的利润空间受到价格与成本两方面的制约。为了获得更多利润，卖家需要协调好商品成本与价格之间的关系。

2.2.2 以跨境电商平台作为搜索平台选择商品

对于卖家来说，最直接的选品办法就是在跨境电商平台中直接搜索商品信息并进行选品。这是很多卖家都会使用的普遍的选品方法。通过跨境电商平台搜索，卖家可以了解平台中的热门商品有哪些。同时，不同的跨境电商平台在选品搜索方面也各有差异。

以亚马逊为例，卖家可以在亚马逊平台查看三级目录，挖掘到更多商品。同时，卖家还可以查看亚马逊平台各种具有参考价值的页面，寻找合适的商品。

1. 查看亚马逊畅销页面

卖家可以在亚马逊上转到畅销页面，了解多样的热门类目和畅销商品，通过选择子类别缩小范围，选择出特定商品。需要注意的是，该页面中的显示结果受季节性因素影响，因此卖家有必要综合年度销售趋势做出选择。

2. 查看亚马逊趋势报告

亚马逊会基于近期的数据变化形成趋势报告。在该页面中，卖家可以了解平台当下流行的商品和项目。同时，卖家也可以根据底部链接找到更多热门商品，获得丰富的商品资源。

除亚马逊外，在跨境电商平台速卖通中，卖家也可以通过多种信息的搜索进行选品。在速卖通平台上，卖家可以查看全平台当下热销产品，也可以按类别查找热销产品。卖家点击自己感兴趣的商品类目，就会发现在这个类目下的一系列热销商品。同时，卖家也可以查看商品的交易记录、三天内的销售总量等。

此外，借助速卖通的后台，卖家可以查看行业报告，了解各行业的流量情况和交易转换情况，分析具有潜力的行业和商品类别。

一些商家可能在多个跨境电商平台中都开设了店铺，那么在选品时就不能够千篇一律，在不同的店铺中上架同样的商品。卖家需要根据不同跨境电商平台中商品的流行趋势选择不同的商品，同时也要符合跨境电商平台的特性。

2.2.3 浏览国外网站选择商品

除跨境电商平台外，浏览国外网站进行选品也是不错的方法。很多国外网站都可以作为选品工具，为卖家提供数据支持。

1．AMZScout

AMZScout 是一款十分智能的亚马逊商品调研工具。借助该工具，卖家可以获取亚马逊商品的全方位销售数据、商品上架时间、商品利润情况等。AMZScout 的功能包括以下几个方面。

（1）在 AMZScout 中，卖家可以查看某款商品的波动趋势，了解商品过去与未来的变化趋势，寻找机会。

（2）基于大数据的综合分析评分，卖家可以了解商品的需求情况、竞争情况、利润情况等，从而进行商品决策。

（3）卖家可以根据商品历史图形跟踪商品，根据价格、销售量等数据分析竞争对手的策略是否有效，更好地了解竞争对手的情况。

（4）借助 AMZScout 平台中的利润计算器功能，卖家可以分析自己的利润，更好地根据成本进行科学定价。

2. Jungle Scout

Jungle Scout 是一款一站式亚马逊选品工具，具有十分强大的功能。

（1）Jungle Scout 具有庞大的商品数据库，包含超过 7 000 万种商品。卖家可以在其中找到评分较高且竞争不太激烈的优质商品，可以了解商品的成本，计算商品利润，了解商品在亚马逊的整体排名等。

（2）通过在 Jungle Scout 中进行关键词搜索，卖家可以了解亚马逊用户正在搜索的热词，了解潮流商品机会、自己热销商品的竞品等。

（3）卖家可以通过 Jungle Scout 中的供应商数据库找到自己需要的特定商品和细分市场的供应商，并通过供应商的综合对比生成采购订单。

除此以外，Jungle Scout 还可以在以下方面为卖家提供帮助。

（1）帮助卖家找到蓝海市场。

Jungle Scout 通过对需求量、售价、搜索量、竞争度等方面的评估，可以针对每一个细分市场给出一个市场机会分数，为卖家明确细分市场提供指引，找到具有潜力的蓝海市场。

（2）帮助卖家挖掘爆款商品。

Jungle Scout 中嵌入了 4 组筛选器，卖家可以筛选商品、需求量大且竞争不太激烈的商品、需求高但营销方面较弱的商品、高货值且需求量大的商品，这样能够帮助卖家挖掘爆款商品。

（3）帮助卖家了解商品的潜力。

卖家可以通过潜力市场搜索器了解特定时间段细分市场的数据表现，如历史月销售数据、价格变化数据、搜索量变化数据等，以此了解商品的潜力。

3. Dropispy

Dropispy 是一款社交网络广告监测选品工具，可以监测 Meta、Instagram 等社交平台上的热门广告，鉴别出跨境电商平台中的热门商品和热门店铺，帮助卖家选品。

Dropispy 的广告页面可以快速筛选出受欢迎的社交平台广告。每个广告都有点赞量、评论量、上传日期等信息。点击广告下方的社交软件图标，就可以跳转到广告的原始页面。同时，Dropispy 提供多样的筛选条件，如关键词搜索、广告形式、语言、电商平台等，可以帮助卖家筛选出自己想要的商品。

2.2.4 根据供应商选择商品

正所谓"春江水暖鸭先知"，相比卖家，处于供应链上游的供应商能够更清晰地感应市场动向。因此，在选品过程中，卖家也可以多与供应商沟通，了解供应商的选品建议。

为了从供应商那里获得商品信息，在日常与供应商沟通时，卖家要多多询问以下问题："目前你那边卖得最好的商品是什么""销量排名前 3 的商品分别是什么"，从而了解供应商的热卖商品。同时，卖家也要注意，对于供应商给出的热销商品建议不必照单全收，而是要学会筛选。卖家需要将这些商品与自己销售的商品进行对比，并在跨境电商平台上进行调研论证，如果证明该商品确实具有潜力，则可以将商品纳入自己的选品池。

从一定意义上说，利用好供应商的商品反馈信息，卖家可以更早地抓住爆款商品崛起的机会，实现更多盈利。此外，由于商品是供应商推荐的，自然也解决了商品的货源问题，能够为卖家的电商运营提供更多便利。

2.2.5 需要规避的选品雷区

在选品的过程中，卖家需要注意规避一些雷区，否则就会承受更大压力，甚至会遭受损失。具体来说，卖家常常遇到的选品雷区包括以下几个方面。

1. 选择季节性商品

如果卖家选择的商品是季节性商品，那么就会有淡旺季之分，这会对卖家的店铺运营产生更大的库存压力。因此，新手卖家并不适合选择季节性商品。在卖家积累了丰富的跨境电商运营经验，具有较高的抗压能力之后，可以尝试选入季节性商品。

2. 选择受众较小的商品

受市场竞争因素的影响，很多卖家都会选择受众较小的商品进行销售。但商品受众小，意味着市场容量小，行业天花板较低，把这个小众商品做大是一件十分困难的事情。同时，该商品的流量可能已经被竞争对手垄断，即使卖家获得了一些流量，也难以出现大订单。因此，受众较小的商品对于卖家来说也是一个选品禁忌。

3. 盲目跟风选品

一些比较激进的卖家并不重视前期的选品过程，盲目跟风，看到其他卖家哪款商品卖得好，就上架哪款商品，这样的选品方式可能会让卖家得不偿失。通常来说，一款商品在跨境电商平台火爆起来之后，最先入局的卖家已经吸引了大部分流量，这时候进入的卖家再和占据优势的卖家抢夺流量，是非常困难的。这样的选品方式很难为卖家带来利润，还会让卖家浪费大量时间。因此，卖家在选品时切忌盲目跟风。

4. 选品过于主观

一些卖家在选品的时候并不重视各种数据，也不了解不同类型商品在跨境电商平台中的不同玩法，选品过于主观，总是相信自己选择的商品会成为爆款。这种选品方式使得卖家的成功全凭运气，也是选品的一大禁忌。

总之，缺乏经验的卖家在最初选品时很容易踩坑，因此一定要注意避开这些选品雷区。在选品的时候,卖家要广泛收集跨境电商平台、专业网站中的各种数据,依据数据分析做出正确的选品决策。

2.3 为商品定价的三种策略

怎样为商品确定一个合适的价格,对于很多卖家来说都是一个不小的挑战。了解多样的商品定价策略有助于卖家根据自身需求,为商品设定一个合适的价格。跨境电商卖家常使用的商品定价策略有以下 3 种:基于成本进行商品定价、基于竞争对手进行商品定价、基于商品价值进行商品定价。

2.3.1 基于成本进行商品定价

基于成本定价是电商行业十分受欢迎的一种定价模式。其优势是十分简单。卖家不必进行大量的用户调研就可以直接定价,并明确商品的最低回报。这种定价方式又被称为"稳重定价"。

卖家要想运用这种定价策略,就需要了解商品的成本,并根据期望利润额确定商品价格。商品价格的计算公式为:成本+期望利润额=价格。

例如,某卖家拥有一家服装店铺。采购一件外套并打印样式需要花费 17 美元;这件外套的平均运费是 3 美元,所以每件外套的预估成本是 19 美元;而该卖家想通过销售每件外套赚取 15 美元的利润,所以外套的价格应该是 34 美元。

此外,卖家也可以通过百分比定价,即在商品成本上加上期望利润率来定价。例如,卖家销售的某款商品的成本为 50 美元,那最终的商品定价为多少美元？

假设卖家在跨境电商平台销售商品的佣金费率为 5%、订单产生的联盟费用为 5%、卖家期望的利润率为 15%，那么可以计算出该商品的定价为：50 美元/(1-0.05-0.05)/(1-0.15)≈65.4 美元。

计算出定价后，卖家还要考虑是作为一般款还是活动款来销售。如果作为一般款来销售，则商品的定价就可以确定了；如果作为活动款来销售，卖家还要考虑跨境电商平台的活动折扣。一般来说，跨境电商平台的活动款往往可以打到半价。这时活动款商品的最终定价为：基于成本的定价/(1-0.5)=最终定价。

2.3.2 基于竞争对手进行商品定价

在采用基于竞争对手进行定价的方式时，卖家只需要监控竞争对手的定价，根据其定价设置相应的价格就可以了。

这种定价策略有一定的前提要求。一是卖家自己的商品与竞争对手销售的商品完全相同，这样竞争对手的定价才有参考价值。二是竞争对手的定价需要符合市场期望值，是相对科学合理的。卖家参考这样的竞争对手定价才更有效。因此，卖家需要对竞争对手的定价进行深入的研究，了解怎样的定价区间是竞争对手普遍采用的、竞争对手什么样的定价最受买家欢迎等。

同时，这种定价策略也存在一些缺陷，往往会引起价格竞争。例如，在决定要上架一款商品时，某卖家通过综合调查发现，大多数竞争对手都将同款商品定为 199 美元，于是自己也将该商品定为 199 美元。但由于竞争对手已经率先吸引了大量流量，因此该卖家的这个定价并未吸引很多买家。为了促进销售，该买家将商品的定价调整为 189 美元，果然吸引了不少卖家下单。但好景不长，没过多久，市场中就出现了 179 美元、169 美元的定价，卖家的商品销售重新陷入困境。

由此可见，在这种定价策略下，竞争对手之间常常会因为不断降价，一步步压缩利润空间，最终即使商品成功售出，也无法带来太多利润。因此，卖家要谨慎使用这种定价策略。

2.3.3 基于商品价值进行商品定价

除了以上两种定价策略外，卖家也可以基于商品价值进行商品定价。通过这种策略进行定价时，卖家需要思考，在一段时期内，潜在买家会为这款商品支付多少钱？以此为依据为商品定价。

这种定价方式较为复杂。卖家不仅要针对商品进行大量的市场调研，还要进行买家分析，了解买家的关键特征，如消费习惯、消费原因等，并分析价格在其购买行为中起到多大的决定性作用。同时，这种定价策略的优势也十分明显，那就是可以帮助卖家获得更多利润，提高盈利。

如果卖家基于这种策略为商品定价，那么价格就不能一成不变。在不同时期，商品的价值会有不同程度的波动。卖家需要随着市场行情的变化、买家需求的波动等适当调整商品价格。

第3章
营销之战——打好提升客流量的"重要一枪"

在互联网高速发展的今天，流量已经成为重要的经济支撑，没有流量就没有销量。对于跨境电商来说同样如此。因此，卖家需要了解多样的营销手段，了解自己所在细分行业的营销招数，了解适合跨境电商的促销活动，从多方面探索营销出路，打赢跨境电商的营销之战。

3.1 跨境电商常用的营销手段

对于卖家来说，了解并学会使用多样的营销手段十分重要，这关系到如何获得更多利润。通过搜索引擎进行营销、社交媒体营销、邮件营销等都是常用的营销手段。

3.1.1 SEM+SEO：搜索引擎营销+搜索引擎优化

SEM（search engine marketing，搜索引擎营销）和 SEO（search engine optimization，搜索引擎优化）是跨境电商营销中十分常见的营销方式，能够将买家吸引到自己的网站或店铺，从而实现引流的目的。

SEM 指的是通过关键词竞价和广告位获得付费流量。卖家需要购买关键词排名，以在搜索页面中展示广告，引导用户点击，获得流量和实现转化。

其中，写出出色的文案是做好 SEM 的重要因素，出色的文案能够带来较高的点击率。同时，网站也会计算广告的质量得分，为质量得分高的广告提供相应折扣。例如，Google 会依据点击率、广告页质量、Google 广告账户的得分等计算质量得分。如果广告的质量得分较高，则广告的付费也会相应减少。这种方法可以达到立竿见影的引流效果，但一旦停止付费购买，就会失去流量。

SEO 指的是根据搜索引擎算法对网站内容进行优化，利用关键词提升自然流量。以 Google SEO 为例，Google 算法会分析查询关键字、页面相关性、内容质量等许多因素。基于此，卖家需要做好以下几个方面的优化。

1. 优化网页标题

网页标题是 Google 判断网站内容的重要因素。在优化网页标题方面，卖家要善用 H 标签。H 标签是对标题进行着重强调的一种标签，以标签<h1>、<h2>、<h3>……<h6>的形式表现 6 个不同文字大小的标签。标签从大到小的展示显示了标签权重的逐渐降低。这样的展示方式便于 Google 精准判断网页内容的主题。

2. 优化网站链接

优化网站链接是一个重要的 SEO 操作，包括优化网站内部链接和网站外部链接两部分。在优化内部链接时，卖家要注意提高链接页面与锚文本的相关性，提高不同页面间的关联性，也要将链接放在醒目的地方，便于被 Google 发现。在优化外部链接时，卖家要注重外部链接的质量，可以增加高权重网站的友情链接、关联与网站内容相关的其他网站等，这些都可以提高自身网站的价值。

3．优化网站速度

网站速度也是影响 Google 排名的一个因素。在这方面，卖家可以把网站中的不同代码精简、合并；适当将网站中的图片压缩等，提升网站速度。

4．社交媒体引流

很多卖家都会使用"流行""新鲜"等字眼，那么这要怎样证明呢？卖家需要用好 YouTube、Meta、Twitter 等社交媒体平台，推广自己的品牌和商品，将流量引到网站中来。如果网站中有很多从社交媒体引入的流量，Google 就会认为这个网站是流行的、新鲜的。

SEM 和 SEO 都可以为卖家带来流量，但在起效的速度方面有所不同。SEM 可以在几天内实现快速引流，而 SEO 引流的速度较为缓慢，即使卖家设计了完善的 SEO 方案，也要几个月才能够看到效果。同时从成本上看，SEM 需要花费较高的成本，而 SEO 可以是免费的。卖家可以根据自己的营销预算、时间要求等选择适合自己的搜索引擎营销方式，也可以双管齐下，利用两种搜索引擎营销方式综合布局。

3.1.2 社交媒体营销：步骤+策略

社交媒体是获取流量的强大营销渠道。卖家可以从以下步骤出发，制定完善的社交媒体营销策略。

1．构建目标客户档案

社交媒体平台中聚集着大量人群，卖家可以借助社交媒体平台发现潜在买家。

在这个过程中，卖家首先要做的就是构建目标客户档案，找出自己的目标客户，并明确他们的社交需求。

卖家需要明确以下问题：

（1）哪类人群是自己的目标客户，他们有什么共同特征和聚合点？

（2）这些人青睐哪些社交媒体？青睐哪些形式的内容表现方式？

（3）这些人是否喜欢在社交媒体上分享自己的购物心得？

（4）这些人是否喜欢在社交媒体上与自己互动？

根据对以上问题的洞察和分析，卖家可以完善自己的客户档案，同时明确进行社交媒体营销的主要阵地。

2．研究相关主题标签

主题标签是发现内容、与目标客户连接的有效工具。通过浏览主题标签，卖家可以了解目标客户的兴趣爱好。同时，在设计社交活动时打上精准的主题标签，也有利于吸引目标客户的关注，从而吸引流量。

3．制定适合自己的社交媒体营销策略

无论通过什么样的方式进行社交媒体营销，卖家首先都要创建自己的社交资料。卖家可以在社交媒体上创建账号，展示品牌与商品信息，传达品牌故事。其次，卖家需要规划内容策略，根据不同社交媒体的特点，保证持续的内容输出。例如，在以信息分享、交流为主的社交媒体上，卖家可以发布品牌动态、商品图片，建立与品牌相关的社群等。在以短视频、直播为主的社交媒体上，卖家需要调整内容输出形式，持续发布短视频或定期进行直播等。

同时，Meta、Instagram 等很多社交媒体上都有广告宣传渠道，卖家可以在社交媒体上通过付费广告推广商品。例如，Meta 动态广告可以根据用户兴趣，向其推广相关的广告。如果卖家设置了 Meta 动态广告，就会定位对卖家商品感兴趣的用户，并向其展示广告。Meta 动态广告的设置十分简单，系统可以根据卖家上传

的资料自动生成广告文案。

此外，卖家还需要跟踪不同付费广告的营销效果，了解哪些广告是有效的，哪些广告是无效的，从而调整广告策略，获得更好的广告营销效果。

3.1.3 邮件营销：流程+方法

对于跨境电商卖家来说，邮件营销是一种不可忽视的营销方式。海外买家习惯将电子邮箱作为工作和生活中接收重要信息的沟通渠道。同时，相比其他营销方式，邮件营销具有成本低、精准度高、营销成效明显等优势。

那么卖家应如何进行邮件营销呢？具体方法如图 3-1 所示。

- 明确海外邮箱发送规则
- 设计一个有吸引力的邮件标题
- 发送个性化的邮件内容
- 跟踪分析和改进完善

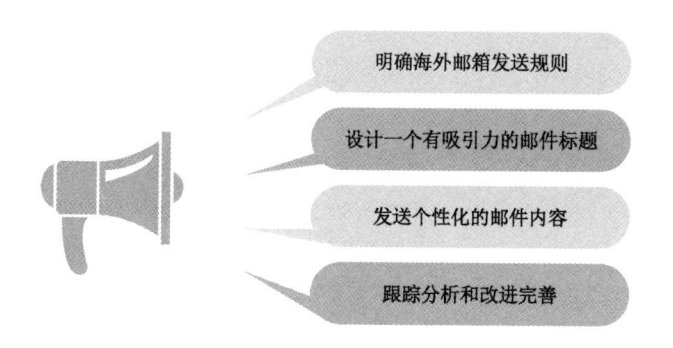

图 3-1　邮件营销的方法

1. 明确海外邮件发送规则

海外邮箱服务商在垃圾邮件、投诉举报规则等邮件管理方面十分严格，卖家稍有不慎就会触及红线。同时，如果卖家使用没有固定 IP 的服务器发送邮件，也会遭到拦截。如果发出的邮件被拦截，邮件营销便成了无用功。

在这方面，卖家可以选择经验丰富的邮件营销服务商进行合作。邮件营销服务商基于自身部署的国内外服务器、固定 IP 资源等，可以根据卖家个性化的发送需求选择合适的发送通道，大大提高邮件发送的成功率。

2. 设计一个有吸引力的邮件标题

要想使邮件能够在众多邮件中吸引到用户的关注，卖家就需要为邮件设计一个具有吸引力的标题。邮件标题应简短有力、主题明确，能够吸引用户关注并打开阅读。在设计邮件标题时，可以加入一些时间因素，营造紧急氛围，如"×品牌商品五折优惠仅此一周"；也可以将商品融入一个吸引人的故事中进行营销，标题以故事开头："十年后的同窗聚会上，我终于向他说出了这个秘密"。

3. 发送个性化的邮件内容

千篇一律的邮件内容难以激发用户的购买欲，因此在进行邮件营销时，卖家需要发送个性化的邮件内容。例如，卖家可以根据用户的兴趣、历史消费信息等，为其提供个性化的内容。当用户发现邮件符合自己的兴趣，内容十分贴合自身的需求时，就会购买商品，从而提高商品的转化率。

4. 跟踪分析和改进完善

邮件发送出去后，卖家的工作还没有结束。卖家需要对邮件的送达率、打开率等数据进行分析，通过分析结果调整此后邮件的发送对象和内容，以此不断改善邮件营销的效果。在这方面，一些邮件营销平台也可以帮助卖家进行数据统计，便于卖家更精确地了解邮件营销的效果。

在通过以上方法进行邮件营销的过程中，卖家可以借助专业的邮件营销平台帮助自己完成工作。以邮件营销平台 U-Mail 为例，其能够为卖家提供多方面的支持。

1. 提高邮件的送达率

U-Mail 邮件营销平台在海内外诸多城市都架设有服务器，能够通过专有网络传递邮件，日均群发数量达千万封。同时，U-Mail 模板丰富，可以采用多个主题，设置数十个变量，大大提升邮件的个性化程度，减小邮件被列为垃圾邮件的概率。

这些都可以提升邮件的送达率。

2．清晰的数据统计

U-Mail 邮件营销平台拥有强大的数据统计能力，可以精准统计邮件的送达率、打开率等数据，还能够对邮件进行追踪，追踪哪些用户打开了邮件、什么时候打开的邮件、阅读时长、打开邮件的次数等数据。

3．可以设置时间定时发送

U-Mail 邮件营销平台能够对接用户办公平台和数据库，基于用户行为触发自动推送，还能够设定邮件发送时间，让不同时区的用户都能够在合适的时间段接收到邮件。

3.1.4　Meta 营销：策略+技巧

Meta 是许多跨境电商卖家青睐的社交媒体营销平台。同时，Meta 中的广告竞争也日益激烈。要想在其中脱颖而出，卖家就需要制定完善的营销策略。

第一，上传高质量的内容。Meta 中的内容十分丰富，内容更新速度也很快。要想在海量的内容中吸引更多关注，卖家就需要注意内容质量。被细分到更精准利基市场的内容可以提高广告与潜在买家的关联性，增加与潜在买家互动的机会。

第二，布局视频直播。Meta 旗下的视频直播平台 Meta Live 是卖家需要重点关注的平台。很多人都会通过短视频或直播了解商品。在这方面，卖家可以在 Meta Live 中创建短视频直播账号，通过丰富的短视频内容展示商品、讲解商品知识等，并通过直播实现转化。

第三，通过 Meta 广告讲故事。卖家可以通过付费 Meta 广告提高关注度，与潜在买家建立联系。在广告中，卖家可以以故事的形式讲品牌故事、商品设计故事等，以故事的形式加速广告传播，从而实现更好的营销效果。例如，在发布新品之前，卖家可以先在 Meta 中发布预告片，讲述一个精彩的品牌故事，让观众对即将发布的新品产生期待感。

第四，多与买家互动，提高买家活跃度。卖家可以通过文字、短视频、直播等形式与买家互动，增强与卖家之间的连接。例如，在新品发布之后，卖家可以在 Meta 中与买家讨论商品，了解买家对于商品的建议和使用体验。在直播过程中，卖家也可以设计一些互动抽奖环节，向买家发放福利。

除了以上营销策略外，卖家还需要注意一个要点。一般而言，卖家需要注册大量账号进行商品宣传，以提高店铺的曝光度。但 Meta 对这种行为有严格的限制，其会通过浏览器指纹技术追踪所有账号，识别并比对信息，再进行关联封杀。

为了规避这种风险，卖家可以通过指纹浏览器保护账号安全。以 AdsPower 指纹浏览器为例，其可以在同一台设备中生成多种浏览器环境，每个浏览器环境的指纹信息不同，同时浏览器环境的数据、本地存储文件等都是独立的，可以有效防止账号关联。

3.2 不同行业有不同的营销招数

由于商品特点、目标市场、买家需求等方面的不同，3C 行业、服装行业、家居行业等不同的跨境电商行业有不同的营销招数。卖家需要根据自己所在行业的具体情况，制定个性化的营销方案。

3.2.1　3C 行业的营销招数

在跨境电商领域，3C 行业一直是热门赛道，热门也意味着激烈竞争。市场容量、商品同质化严重等问题都制约着跨境电商的发展。那么身处其中的卖家应采取怎样的营销招数呢？

Kuulaa 是一个主打 3C 产品的品牌。在发展跨境电商业务的过程中，其在东南亚市场遭遇了诸多难题。一方面，东南亚不同细分市场中买家的偏好、经济水平有所差异，需要 Kuulaa 进行充分调研和更加细化的开发。另一方面，在进入东南亚市场之初，Kuulaa 并没有采用本土化的营销策略，营销方式较为单一。

作为拥有自有工厂的品牌，Kuulaa 在产品研发和生产上十分具有优势，因此，其便以产品为核心在迎战东南亚市场，解决在进军东南亚市场初期遇到的种种问题。

面对买家的差异化需求，Kuulaa 针对东南亚不同细分市场制定不同的细分产品策略。Kuulaa 品牌入驻东南亚地区主流跨境电商平台 Shopee 后，Shopee 当地的电商团队从主营产品、运营指标等多方面向 Kuulaa 提供了建议。例如，马来西亚市场手机配件相关产品销量较高、菲律宾市场的电脑配件销量较高等。这些数据展示了不同细分市场的需求差异，为 Kuulaa 研发多品类产品提供了支持。

同时，Kuulaa 也根据东南亚市场的特点，打造了一系列定制化产品。例如，基于 OPPO、VIVO 等安卓系统手机品牌在东南亚市场十分受欢迎，Kuulaa 在研发快充系列产品时，也会考虑 OPPO、VIVO 等品牌支持的快充协议，实现产品兼容。再如，近年来，东南亚地区手游日趋火热，Kuulaa 也因此推出了许多为体验手游提供便利的产品。其中一款可实现 180°折叠的 USB 数据线解决了以往传统直插数据线挡手的问题，受到众多买家的青睐。

面对营销方式单一的问题，Kuulaa 针对 Shopee 平台规则和活动规则，制定了个性化的营销策略。9.9 超级购物节是 Shopee 中重要的购物节日，为了迎战这个重要节日，Kuulaa 通过几个月的产品设计与研发，在 Shopee 9.9 超级购物节中上线了新品发售计划。

首发的新品多为针对东南亚市场的定制化产品，不仅能够传达出对当地市场的重视，还能够以新品为连接点，发掘大量潜在买家。基于对东南亚地区买家青睐彩色数码产品的洞察，Kuulaa 发售的马卡龙系列新品取得了首小时店铺销量破千的好成绩，进入越南市场热门产品销量排行。

最终，由于在 9.9 超级购物节中的良好表现，Kuulaa 品牌成为 Shopee 平台 3C 品类中的佼佼者。

Kuulaa 针对目标市场研发定制化产品、依托当地跨境电商平台制定营销活动的方法值得 3C 行业跨境电商卖家借鉴。针对不同市场的不同需求，卖家需要对市场进行深刻洞察，以有针对性的产品和营销活动制胜。

3.2.2 服装行业的营销招数

服装是跨境电商平台中需求很高的一个类目。同时，服装类产品种类多样、竞争激烈，卖家会面对更多的竞争对手。因此，即使服装市场很大，跨境电商卖家要想获利也并不容易。在运营过程中，卖家有必要制定完善的营销方案，从而提升业绩。

服装行业的跨境电商巨头 SHEIN 在近几年实现了强势增长，其在营销方面的三大布局值得诸多卖家参考，如图 3-2 所示。

1. 以符合海外买家需求的产品为根基

营销的基础是要有好的产品。在这方面，SHEIN 的业务覆盖服装设计、生产、销售等多个环节，可以根据海外买家的需求，有针对性地进行服装设计与加工。同时，SHEIN 新品上线速度非常快，每周都有大量新款产品上市，并且定价较为便宜。这满足了买家对于服装多样性、个性化的需求。

```
        01 ──── 以符合海外买家需求的
                  产品为根基
  注重社交媒体运营 ──── 02
        03 ──── 与KOC、KOL合作营销
```

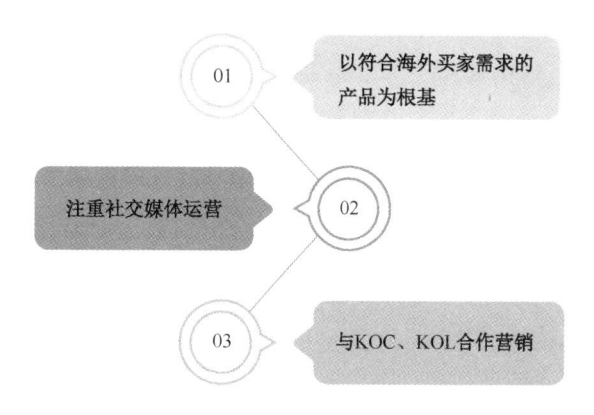

图 3-2　SHEIN 在营销方面的三大布局

2．注重社交媒体运营

SHEIN 在海外社交媒体上的运营十分出色。在社交渠道方面，其基本覆盖了 Meta、Instagram 等国外主流的社交媒体，并收获了海量粉丝。以 Instagram 为例，截至 2022 年末，SHEIN 在 Instagram 中的粉丝已经突破 2 600 万。在内容运营方面，SHEIN 账号保持着十分频繁的更新频率，分享各种商品、活动等。此外，SHEIN 还全年不间断地在各大社交媒体上投放广告，提升主页和品牌的活跃性。通过以上社交媒体运营，SHEIN 吸引了许多用户的评论、转发，实现了与用户的持续互动，同时也提升了品牌的吸引力。

3．与 KOC、KOL 合作营销

在品牌营销的过程中，SHEIN 既要吸引流量，又要传播品牌。其主要策略之一就是与 Instagram、YouTube 等社交媒体中的 KOC（key opinion consumer，关键意见消费者）、KOL 合作，进行联合营销。对于一些粉丝较少的 KOC，SHEIN 会赠送服装或提供专属优惠，让其通过开箱视频进行服装试穿、评价、搭配，从而宣传产品。一旦发生转化，KOC 就会获得一定比例的佣金分成。

与 KOC 相比，KOL 拥有的粉丝数更多，影响力更大。品牌与 KOL 合作，除了能够促进商品销售外，还能够为品牌背书，提升品牌形象与影响力。SHEIN 就与许多 KOL 进行了合作。这些 KOL 会对 SHEIN 的服装进行评估，展示服装

的优势。由于这些 KOL 都拥有很多粉丝，因此能够有效促进商品转化，为品牌带货。

对于服装行业的跨境电商卖家来说，种类多样且个性化的商品、社交媒体运营、与 KOC 和 KOL 合作营销等都是不错的营销招数。

3.2.3　玩具行业的营销招数

在跨境电商行业中，玩具行业是一个持续热门、十分受欢迎的行业。那么对于跨境电商卖家来说，该采用怎样的营销招数，推动商品的转化呢？

在商品方面，卖家需要注意商品的本土化，选择或设计出符合海外买家审美，与海外买家文化环境相符的产品。不同市场买家对于同一款玩具的设计可能有不同的理解，接受程度与购买意愿都有所不同。例如，"骷髅头"元素在欧洲代表恐惧、死亡，因此当地买家会排斥带有骷髅头元素的玩具；在南美地区，骷髅头代表的是亲情，体现了当地的一种文化信仰，因此当地买家会青睐于带有骷髅头元素的产品。卖家需要做好市场调研，了解不同市场买家的文化环境。

当前，玩具与游戏、动漫、影视等 IP 合作推出联名款玩具，是玩具营销中的重要玩法。卖家可以了解当地市场中受欢迎的 IP，与之合作推出联名款产品，实现借势营销。此外，出于对产品专利的保护，卖家需要在支持产权方面进行布局，保护自身利益。

在营销方面，卖家可以入驻多家海外跨境电商平台，搭建自己的社交媒体矩阵，通过多样的线上营销方式和内容输出，宣传商品或品牌。其中，本土化的内容是十分重要的。卖家可以抓住海外重点节日的时机，通过节日特别产品、节日特别款包装等开展具有本土化特色的营销活动。在社交媒体发布内容时，也需要尊重当地市场买家的文化习俗。

同时，除了线上营销外，买家还可以在多地线下开设品牌旗舰店、快闪店等，布局线下营销渠道。

泡泡玛特是我国著名的潮流玩具品牌，业务覆盖艺术家挖掘、IP孵化运营、潮玩文化推广等多个方面。在跨境电商发展的大势下，泡泡玛特也积极布局跨境电商业务，并取得了不错的成绩。在跨境电商营销方面，泡泡玛特进行了多方面的布局。

在产品方面，泡泡玛特针对不同的市场，从产品设计、原料、销售方式等多方面满足不同市场的需求。同时在产品进入市场后，泡泡玛特也会根据买家的反馈、消费习惯等调整产品策略，以本土化产品打开市场。

同时，泡泡玛特还积极与国外知名IP联名，推出了丰富的联名款产品。例如，2022年，泡泡玛特与可口可乐联名，推出了一款联名款潮玩。该联名款潮玩以可口可乐"星河漫步"系列产品为设计灵感，以该款可乐的限定配色渐变紫红色为基调，同时搭配宇航漫步车，别有特色。同时，该款潮玩在工艺和材质上都实现了升级，形象更加生动，受到了广大买家的青睐。

在营销方面，泡泡玛特已经入驻Shopee、亚马逊、全球速卖通等主流跨境电商平台，海外业务覆盖东南亚、美洲、欧洲等多个市场。同时，泡泡玛特在美国、新加坡等地都已经开设了线下旗舰店或快闪店，并推出了机器人自动售卖机。

同时，在社交媒体运营方面，泡泡玛特搭建了不同区域的社交媒体矩阵，持续输出品牌故事、宣传品牌理念等，加深用户对于品牌的认知，与更多用户建立情感连接。另外，泡泡玛特会根据不同地域的不同文化背景，创作具有针对性的宣传内容，或与当地的KOL合作制定个性化的内容，通过当地人影响当地人的方式，让品牌更加直接地触达潜在的买家。

了解当地的文化背景、以本土化的产品和本土化的营销方式吸引买家，是玩具行业跨境电商卖家需要关注的要点。同时，线下与线上结合的营销方式，也是卖家可以尝试的重要营销手段。

3.3 适合跨境电商的大促活动

促销是跨境电商经营过程中重要的营销手段。卖家需要制定有效的促销策略才能够在激烈的竞争中站稳脚跟。其中，针对新品、清仓商品等，卖家需要制定不同的促销策略。同时也要抓住特殊节日的机会，实现借势促销。

3.3.1 针对新品的大促活动：新品推广是关键

在店铺的新品上市时，为了实现新品推广，卖家往往要针对新品设计促销活动。一般来说，卖家可以通过以下 3 种方法实现新品促销，如图 3-3 所示。

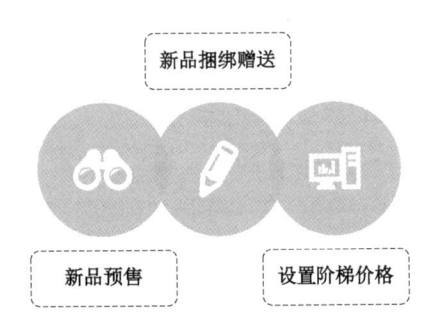

图 3-3 新品促销的 3 种方法

1. 新品预售

新品预售是当前一种常见的促销手段。卖家往往在商品正式上架前一段时间设置预售期。在预售期内预定商品的买家可以享受优惠价格、免费服务等，刺激商品销售。

亚马逊就支持卖家进行新品预售。卖家可以借助新品预售实现新品促销，让商品迅速从市场中脱颖而出。在设计新品预售活动时，怎样提高新品的转化率是卖家需要思考的重要问题。

卖家可以从两方面思考提高新品转化率。一方面，在进行新品预售之前，卖家要分析自己聚焦于哪一类买家，并根据其特征制定出有针对性的促销手段。另一方面，在进行新品预售时，卖家可以通过设置比竞争对手优惠的价格、提供免费的送货服务等，吸引更多买家下单，从而提高新品的转化率。

此外，亚马逊也会为卖家的新品预售提供平台支持。亚马逊建立了新品预告机制，可以对新品推出时间、细节、价格等进行全方位的宣传，吸引买家的关注。

2．新品捆绑赠送

新品上市时，由于买家对新品并不了解，也难以刺激其需求。为了推广新品，卖家可以将新品进行捆绑赠送。

例如，某主营彩妆的亚马逊卖家在新品上市时，准备了许多新品的小样进行捆绑赠送。具体操作如下。

（1）将新品小样与店铺中的经典商品进行绑定，向所有购买该商品的买家赠送新品小样。

（2）将同系列新品进行绑定。例如，买家购买其中一款新品口红，即可得到同系列不同颜色的四款口红小样。

（3）积分兑换新品小样。店铺的老客户可以凭借购物积分，兑换新品小样。

经过一段时间的宣传，越来越多的买家将目标瞄向店铺新品，实现了新品的高销量。

3．设置阶梯价格

设置阶梯价格是指在新品促销过程中，商品的价格随着时间的推移按照一定的梯度不断减小打折力度,如新品上架销售,第一天5折销售、第二天6折销售……第 N 天原价销售,以刺激买家抓住优惠机会尽快下单。

根据这一促销方式,当新品折扣越来越高时,处于观望状态的买家就会产生紧迫感,愿意马上下单,从而实现商品的销售。而当正在犹豫的买家了解到第二天折扣将上涨,现在下单更加优惠时,也会不再犹豫,尽快下单。

总之,新品促销除了获得盈利外,十分重要的一点就是要实现新品推广,让更多买家建立起对新品的认知,进而引爆新品的销售。

3.3.2 针对清仓商品的大促活动:注意事项+方法

清仓商品的促销活动与新品促销活动并不相同。针对清仓商品设计促销活动的目的是去库存,同时,效果良好的清仓促销活动还能够吸引流量。那么,卖家应怎样设计清仓促销活动呢?

在设计清仓促销活动之前,卖家首先要了解一些注意事项。

第一,卖家要注意控制清仓促销活动的成本,为商品设计一个合适的优惠价格。定价太低,卖家可能会承受损失;定价太高,又难以实现清仓的目的。卖家可以根据商品的成本和市场行情综合定价。

第二,明确时间节点。不同品类的商品,进行清仓促销的时间节点不同。例如,服装类商品往往在换季时进行清仓促销;电子类商品往往在新品上市前进行清仓促销。了解这些时间节点,卖家才能够在合适的时间去库存,顺利引入新品。

第三,提前宣传。在开展清仓促销活动之前,卖家可以在社群、直播间、各种社交平台上进行宣传,发放一些优惠券。前期宣传的力度大,后期活动开始时才会吸引更多买家参加。

在设计具体的清仓促销活动时,卖家可以借鉴以下方法。

1. 买赠活动

卖家可以将相关的清仓商品进行组合，开展买赠促销活动，如"买裤子送袜子""买水乳套装送护手霜"等。这种促销方式不仅可以为买家带去实实在在的实惠，还能够更好地去库存，将一些销量不好的商品处理掉。

在设计买赠活动时，卖家需要注意的是，组合在一起的商品需要具有一定的关联性，如买杯子送杯垫、买裤子送腰带、买沙发送沙发垫等，这样关联度较高的商品更能够贴近买家的需求。

2. 抽奖活动

抽奖活动可以配合清仓促销活动开展，以起到更好的促销效果。抽奖活动一般有两种形式，一是以清仓商品为奖品开展抽奖活动。卖家可以在清仓商品中挑选出一些比较受欢迎的商品，抽奖赠送。二是设计抽奖大奖，激发买家参与活动的热情。例如，卖家可以将价值5 000元的华为P30手机、价值3 000元的戴森吹风机等设置为抽奖的超级大奖，并设置中奖名额。为了将抽奖活动与清仓促销活动结合起来，刺激买家消费，卖家可以设置一个参与抽奖的要求，如全场消费满300元可以参与抽奖、全场消费每满200元获得一次抽奖机会等。

3. 满减和满赠活动

满减和满赠活动都是促进商品转化的有效方法。其中满减即消费到达一定额度可获赠一件商品，如"全场消费满1 000元，送保暖内衣一件"。满减活动即消费达到一定额度可减少付款金额，如"全场消费满1 000元减500元"等。满减和满赠活动都设置了限制性条件，为了达到条件享受优惠，很多买家都会积极消费，达到门槛。

以上3种方法都是卖家在开展清仓促销活动时可以采用的。不同的方法可以叠加使用，以达到更好的促销效果。

3.3.3 针对特殊节日的大促活动：方法+技巧

跨境电商的卖家面对的是某一海外细分市场，甚至是全球市场。因此要了解目标市场当地的重要节日、跨境电商平台上的购物节等，抓住这些特殊节日机会开展促销活动。

在节日方面，元旦、情人节、母亲节等节日是全球性的。此外，南美、东南亚等地区都有自己特定的节日，如南美的狂欢节、东南亚的开斋节等。针对这些节日，卖家需要提早做好准备，推出节日限定的商品、借机开展促销活动等，满足买家的购物需求。

除了不同地区的传统节日外，各大跨境电商平台也有自己的购物节，这也是卖家需要关注的重要节点。

1. 亚马逊平台的 Prime Day 会员日

一年一度的亚马逊会员日是亚马逊卖家不容错过的一个重要活动。Prime Day 是亚马逊推出的一种全球购物促销活动，为 Prime 会员提供秒杀、打折等优惠。在 Prime Day 这天，亚马逊将每隔十分钟更新一次网站中的促销商品，同时提供免费快递服务。

卖家将怎样迎战这一活动，实现商品促销？首先，卖家需要申请成为 Prime 会员。具体操作步骤为从亚马逊首页进入 Prime 主页，找到会员免费试享入口，按照页面提示填写银行卡信息以支付后续的 Prime 会员费，之后亚马逊将对银行账号进行验证。最后，页面将自动跳转回 Prime 主页，完成注册。

其次，卖家要提前备货。亚马逊通常在 Prime Day 即将开始时才会公布具体的日期，每年的日期并不固定，大多数在 7 月举行。卖家需要关注 Prime Day 的时间，了解专家的预测，并综合考虑商品生产、物流等因素，做好备货计划。

2．速卖通 Summer Sale

速卖通 Summer Sale 是速卖通的重要购物节。在活动期间，速卖通将为卖家提供多种支持。例如，在服饰行业，速卖通可以针对不同类型的卖家提供资源倾斜等；针对清仓商品、机会商品等，速卖通提供爆品会场、大折扣会场等福利支持；针对趋势类、应季类商品，速卖通提供大促换季品会场。除了各种福利会场外，速卖通还会对重点商品提供折扣和补贴。

速卖通 Summer Sale 有一个完善的时间轴。下面以 2022 年的 Summer Sale 活动为例进行讲解。

（1）5月20日至6月16日是活动的招商时间，卖家可以根据自己的意愿选择参与跨店满减活动、会场活动等，6月16日所有招商活动结束。

（2）6月22日活动预热开始，至6月27日零点预热结束，为期5天。

（3）6月27日零点正式售卖，至7月1日结束，为期5天。

卖家需要了解这些活动流程，制定完善的备货计划，并密切关注活动开始的时间。

第4章
视觉美工——为买家打造一份直击内心的"美"

在线上购物已经十分普遍的当下,人们对视觉享受的重视程度越来越高。如果卖家的设计千篇一律,则难以吸引买家的目光,难以实现转化。因此,卖家需要重视美工设计,不仅要符合各大跨境电商平台的图片上传、详情页设计规则,也要带给买家唯美的视觉感受,从而吸引买家下单。

4.1 用规范化的图片吸引客户

跨境电商平台对于平台上上传的图片有严格的要求。卖家需要熟悉平台中图片上传的规则,保证图片尺寸、图片品质规范化。只有这样,卖家才能够通过优质的图片实现更好的转化效果。

4.1.1 图片尺寸规范化

卖家在设计图片的过程中，一定要注意图片的尺寸。图片较小则难以上传到跨境电商平台，即使上传成功也不便于买家查看商品；图片较大则会降低图片上传速度与页面加载速度。因此，卖家要保证图片尺寸的规范化。下面以亚马逊和速卖通为例，详解跨境电商平台的图片尺寸要求。

1．亚马逊的图片尺寸要求

（1）图片最长边至少为 1 000 像素。满足这个要求，图片才具有缩放功能，买家才能够放大图片查看商品的细节。该功能可以有效增加商品销量。

（2）图片最短边不低于 500 像素。如果不满足这个要求，则图片无法上传至亚马逊平台。

（3）在亚马逊，上传商品图片分为主图和辅图，其中主图为 1 张，辅图为 8 张。在上传主图与辅图时，图片间的尺寸最好一致，这样更加美观。

（4）图片格式可以为 JPEG、TIFF、GIF 等，其中 JPEG 格式较为常用，该格式图片的上传速度较快。

（5）图片的比例一般为 1∶1.3。这样可以在亚马逊中达到更好的视觉效果。

2．速卖通的图片尺寸要求

按照速卖通的规则，各图片的尺寸如下。

（1）商品主图的大小为 350 像素×350 像素，放大后达到 700 像素×700 像素，这样放大后的图片才不会模糊。

（2）详情页的宽度为 960 像素。

（3）速卖通店招（店铺的招牌）的宽度为 1 200 像素，高度为 100～150 像素。

（4）速卖通海报的宽度为 960 像素，高度为 100～600 像素。

一般来说，跨境电商平台都会对图片的大小进行明确规定，以保证图片的质量和良好的观感。同时，不同跨境电商平台对于图片尺寸有不同的要求，卖家需要仔细了解这些规则，上传尺寸规范的图片。

4.1.2 图片品质规范化

图片的品质在商品的展示中发挥着重要作用。一般来说，图片的品质越高，商品的点击量就会越高，更利于商品实现转化。具体而言，高品质的图片不仅需要具有高清晰度，还要具有更强的冲击力，给买家留下深刻印象。在对图片的品质做优化时，卖家需要注意以下 5 个方面，如图 4-1 所示。

1. 只展示目标商品，保证图片质量
2. 注意图片的背景颜色
3. 使用合适的滤镜
4. 避免使用过亮或过暗的图片
5. 利用多个镜头展示商品

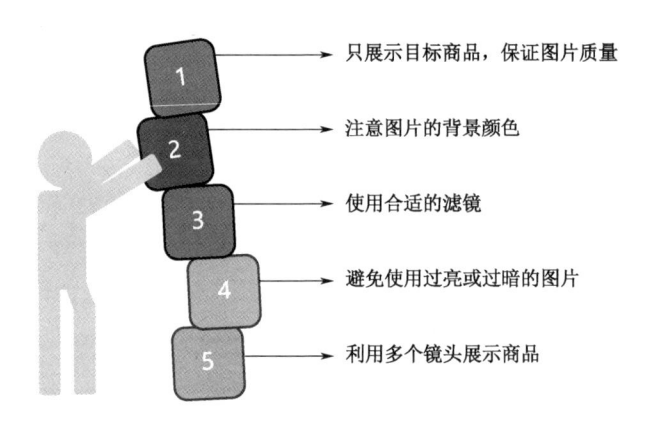

图 4-1　优化图片品质需要注意的 5 个方面

1. 只展示目标商品，保证图片质量

一些卖家会在图片中放入各种道具、文字等，这些花哨的元素会削弱买家对于商品的印象，不利于商品的展示。商品的图片需要清晰明确地展示出目标商品信息，避免出现其他无关商品、水印、花哨的道具等。

2. 注意图片的背景颜色

亚马逊、速卖通等平台都规定了商品主图背景颜色为纯白色，这是卖家一定要遵守的。关于辅图的背景颜色，卖家可以选择白色以外的颜色，但需要注意背景颜色与商品颜色和谐统一，不可过于花哨，喧宾夺主。

3. 使用合适的滤镜

在优化商品图片时，卖家可以为图片添加合适的滤镜，提高图片的品质。例如在展示春季服装商品时，可以添加春日清新滤镜；在展示复古款秋日服装时，可以添加秋日复古滤镜等。这能够增强商品的表现力，吸引更多买家的关注。同时，卖家需要注意不要过分P图，导致图片与商品严重不符。

4. 避免使用过亮或过暗的图片

许多卖家会通过调亮或调暗图片的颜色来达到更好的展示效果，但需要注意避免使用过亮或过暗的图片。例如，亚马逊会通过色彩对比算法来分析一款商品的视觉吸引力。如果商品图片颜色过亮或过暗，则可能会导致算法无法检测到商品的真实颜色，认为商品不具备吸引力，从而导致商品下架。

5. 利用多个镜头展示商品

在跨境电商平台上，除了主图之外，卖家还可以上传多张辅图。许多卖家都只会用单一镜头展示商品，使得图片展示缺乏吸引力。因此，卖家可以使用多个镜头多方位展示不同角度下的商品，保证图片的多样性。

高品质的图片往往能够瞬间吸引买家的目光，提升商品转化率。卖家可以从以上几个方面出发，提升图片品质。

4.2 广告图的点爆之道

广告图的设计质量直接影响店铺的转化率。在设计商品主图、辅图、海报图等广告图时，卖家既需要了解平台规则，又需要通过合理的设计充分发挥这些图片的宣传作用。

4.2.1 主图与辅图设计：规则+技巧

在跨境电商店铺运营的过程中，卖家需要通过图片展示商品的质量和细节。因此，卖家应该设计好商品的主图和辅图。那么，卖家在设计主图和辅图时，需要了解哪些规则？

以亚马逊为例，亚马逊的商品主图（如图4-2所示）设计规则如下。

图4-2 亚马逊商品主图

（1）主图的背景为纯白色。

（2）主图是商品的实物图，不能是插图、手绘图、漫画图等。

（3）主图不能带 logo 和水印（可以有商品本身的 logo），同时最好不显示其他配件或道具。

（3）商品约占图片 85% 的空间。如果占据空间过小，则不利于突出显示商品，如果占据空间过大，则容易带给买家一种压迫感。

(4)商品必须在图片中清晰可见。需要展示整个商品,不能只展示商品的一部分。

(5)有些类目,如内衣、袜子等,允许使用模特,但必须是真人模特;有些类目,如珠宝、鞋子等则不允许使用模特。

亚马逊商品辅图(如图4-3所示)设计规则如下。

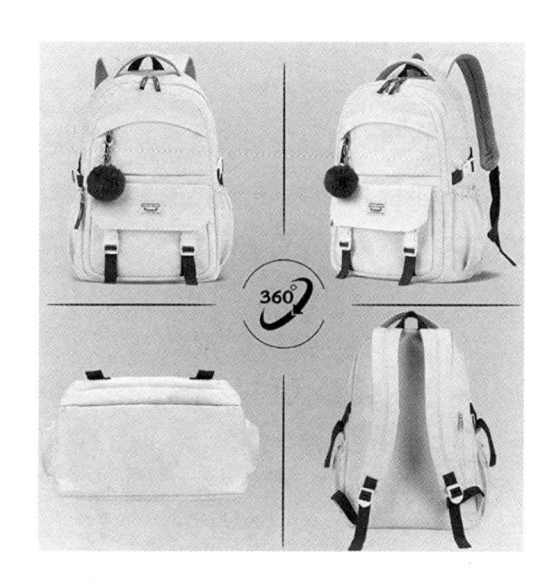

图 4-3 亚马逊商品辅图

(1)辅图可以展示商品细节或放商品组合图等。辅图应该补充商品多角度的显示、突出商品特征、使用环境等。

(2)辅图同样不能带 logo 和水印(可以有商品本身的 logo)。

(3)需要清晰展示商品。可以将商品细节放大、使用真人模特等。

(4)不能包含裸体信息。

总之,在设计主图和辅图时,卖家需要了解以上规则,保证图片的合规性。

此外,在设计主图和辅图时,卖家还需要掌握一定的技巧,充分展示商品优势。

第一,主图和辅图内容展示合理。一般来说,主图会突出展示商品全貌,而辅图会分别展示商品的各种优势。其中，辅图的展示内容可以是以下几种：

（1）商品多角度展示图；

（2）商品卖点及细节展示；

（3）商品多种颜色展示；

（4）商品尺寸图；

（5）商品包装图；

（6）商品场景图。

在设计辅图时，卖家可以根据自己的需求选择合适的辅图。

第二，突出商品卖点。辅图需要展示出商品的卖点和特征，以便清晰地告诉卖家商品可以满足卖家的哪些需求。在设计辅图时，卖家可以将商品的不同功能展示出来，如图4-4所示。

图4-4　书包不同口袋的功能展示

同时，如果商品卖点较多，可以按"卖点一+细节展示""卖点二+细节展示""卖点三+细节展示"这样的方式用多张辅图分别展示商品卖点。

第三，多方面展示使用场景。卖家需要在辅图中展示商品的使用场景，让卖家直观地了解可以在什么样的环境下使用该款商品。商品使用场景的展示可以激发买家的联想，促使买家购买商品。在设计过程中，卖家可以通过拼图的方式在一张辅图中展示商品多样的使用场景，增加买家联想。

4.2.2 海报图设计：要点+范例

海报一般在店铺首页中占据较大面积，以突出促销活动、新品上架等内容，吸引买家的目光。常见形式为多张海报轮播。

海报的设计要点包括以下几项。

1. 明确的主题

海报设计需要一个明确的主题，如新品上市、节日促销、清仓甩卖等。选定主题后，卖家才能够根据海报主题设计文案。

2. 均衡构图

构图就是对海报画面进行布局，使海报中的文字和图片看起来均衡、自然。一般来说，构图规则主要有以下几种。

（1）左右式构图：即把海报分成两个部分，将标题内容与主题元素分别左右摆放，如图 4-5 所示。

图 4-5　左右式构图

（2）居中式构图：指的是标题文字居中，主题元素围绕在文字周围的构图方式，如图4-6所示。

图4-6　居中式构图

（3）三角形构图：这种构图方式能够突出标题，同时十分稳定、空间感强。

（4）斜线构图：这种构图方式往往通过斜线分割画面，不同商品所占比例均衡，构图既稳定又显活泼，适合科技类、潮流类商品。

3．和谐的配色

海报的配色十分重要，和谐的配色会营造出一种氛围。在配色方面，重要的文字需要用醒目的颜色标明。同时，文字、商品、配饰、背景色等颜色需要和谐统一。

4．精炼的内容

海报中需要表现出来的内容通常有标题文案、商品、商标、折扣信息、背景素材等。卖家需要通过梳理，将这些内容简练地表达出来。言简意赅才能够更加吸引买家目光。以图4-7所示的促销海报为例，该海报没有花哨的设计，但是有背景的海面、沙滩和穿裙装的模特，都表现出了夏季服装销售的主题。同时，商品折扣也十分清晰。整个海报十分精炼。

图4-7 促销海报

在设计海报的过程中，卖家需要牢记以上设计要点，切忌主观设计。只有这样，才能够设计出效果更好的海报。

4.2.3 详情页设计：内容+要点

详情页是文字、图片、视频等多种表现形式的组合，能够多方面直观展示商品。在设计详情页时，卖家需要在详情页中展示以下内容。

1．商品简介

商品简介需要突出商品的特点、功能、优势等，包括商品信息、图片展示、细节展示、功能展示等内容。商品介绍可以帮助买家明确自身需求，促进转化，因此商品简介部分越全面越好。

2．卖家实力介绍

在详情页中，卖家也可以展示相关资质凭证、合作伙伴、运输方式等，展示自身实力。

3．商品竞争优势

卖家需要挖掘商品竞争优势，表现在详情页中。一般来说，商品的竞争优势可以表现在技术、品质、价格、造型、功能等诸多方面。卖家可以从以上方面分析自身商品的竞争优势。

4. 活动海报

详情页中活动海报的设置十分重要。买家进入详情页查看表示其具有一定的购买欲望，而活动海报的设置可以进一步激发买家的购买欲望，从而实现转化。

5. 关联营销商品

在详情页中设置关联营销商品能够利用爆款商品为店铺中的其他商品引流，从而实现店铺内流量的跳转。同时，设置关联营销商品也可以为买家提供更多购物选择，提升买家的购物体验。

除了设置好以上内容外，在设计详情页的过程中，卖家还需要注意以下要点。

（1）在详情页中，和文字相比，图片能够展示更多信息，因此详情页的设计应该以图片为主，文字辅助描述图片，切忌出现大范围的文字描述。

（2）详情页中的图片和文字需要布局得当，不要放置过多内容，否则会延长页面载入的时间，影响买家体验和商品销量。

（3）详情页的目的是引导买家购买商品，因此卖家需要在详情页中充分展示出商品的功能与优势。此外，卖家也需要关注买家的情感需求，加深买家与商品的情感连接。

（4）详情页的设计风格需要与店铺的定位保持统一。例如，如果卖家的定位是家用电器销售，则详情页需要简洁，因为商品本身才是买家关注的重点；如果卖家主要销售怀旧零食，那么详情页则需要突出情怀和情感，注重买家的消费体验。

总之，详情页的设计要内容全面、抓住买家需求，消除买家的顾虑，引导买家下单。只有这样，详情页才能够起到很好的转化效果。

4.3 为店铺设计精美的装修

店铺装修指的是通过优化店铺页面设计，让店铺更加美观，从而吸引更多买家。店铺通过装修，可以凸显整体风格，让买家了解店铺所出售商品的性质。同时，优秀的店铺装修能够提升店铺形象，让买家感受到卖家的用心，提升买家对于店铺的好感。

在进行店铺装修时，卖家需要了解其中需要注意的问题、文案设计原则、色彩搭配原则等，让店铺在传达出更丰富信息的同时，提升美感。

4.3.1 店铺装修需要注意的问题

在进行店铺装修之前，卖家需要了解一些需要注意的问题，避免落入陷阱。

第一，店铺装修不要设计得十分花哨，否则不利于突出文字和商品。一般来说，店铺的设计需要加强对比、突出重点，使买家可以精确找到自己想要购买的商品。同时，卖家还需要了解特定市场买家的浏览习惯和审美风格。例如，面向欧美市场的欧美设计风格十分简洁，页面中的图片和文字都较少，同时图片展示与文字描述间的排版比较紧凑，便于买家浏览商品。

第二，根据店铺的主题风格进行装修。例如，销售绿茶的店铺，装修色调多以绿色为主，再配以其他淡雅的辅助色，可以使店铺色彩丰富又清爽简约；销售女装、化妆品等商品的店铺更适合色调鲜艳的潮流风格。另外，如果临近节日，卖家还可以将店铺的主题颜色换成红色和绿色，并加入一些圣诞树、麋鹿等元素。

第三，突出商品，规划布局。在进行页面排版和放置各种广告图时，卖家要注意突出商品，将主打商品放在首页显眼的位置。不同商品的放置位置、颜色等都需要进行构思，让买家能够快速找到符合自己需求的商品。

4.3.2 店铺装修文案设计

在进行店铺装修时，卖家也需要做好相关的文案设计。优秀的文案能够突出商品特点，吸引买家购买。卖家可以从以下 5 个方面考虑店铺的文案设计，如图 4-8 所示。

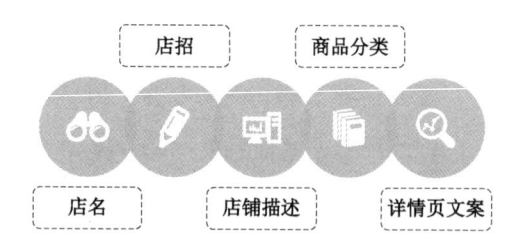

图 4-8　店铺文案设计需要考虑的 5 个方面

1. 店名

店名是店铺最突出的文字标识。卖家在设计店名时需要考虑以下几个方面。

（1）行业定位：店名需要和店铺所处的行业相匹配。

（2）有内涵：店名不能够太直白，而要体现出设计感和内涵，这样才能够吸引人。

（3）便于记忆：店名要少用生僻字，通俗易懂，便于记忆。

2. 店招

店招即店铺的招牌，是店铺的门面。店招的设计要简洁明了，内容突出。店招需要体现出的内容包括：店名、品牌、理念等，让买家对店铺有一个基本的了解。在设计店招时，卖家不要在其中添加太多文案，影响整体的布局。

3．店铺描述

店铺描述需要将店铺的基本情况讲清楚，突出店铺优势，给买家一个选择的理由。店铺描述一般包括以下内容。

（1）商品描述：如商品质量好、功能齐全、种类多样等。

（2）物流方面：如合作的物流公司安全可靠、发货速度快等。

（3）店铺优势描述：如货源充足、售后服务良好、店铺优惠活动多等。

4．商品分类

商品分类设计可以帮助买家快速发现自己想要的商品。在文案方面，卖家可以以商品的适用对象作为分类标准，如男士服装、女士服装、儿童服装等；可以以不同的活动划分商品类型，如春季折扣新品、经典爆款商品、清仓甩卖商品等。

5．详情页文案

详情页是商品内容的具体体现。在文案设计方面，详情页可以表现出以下内容。

（1）商品概述：如商品的规格、生产工艺、功能、性能、使用方法、产地、使用寿命等。

（2）竞争优势：如商品的技术优势、用料优势、性价比优势等。

（3）服务信息：商品的技术支持与指导、定制化服务、售后服务等。

（4）商品认证凭证：如商品在不同国家所需求的CCC（中国强制性产品认证）、UL（美国保险商实验室认证）、RoHS（欧盟环保认证）、ETL（北美安全认证）、CE（欧盟强制性安全认证）、FCC（美国联邦通信委员会认证）、FDA（美国食品药品管理局认证）等。

（5）品牌文化：可以用精炼的文案讲述品牌故事，体现品牌文化。

（6）运输方式：具体说明运输方式，如有超重附加费、超长附加费等都需要说明一下。

此外，卖家也需要思考不同文案的颜色和字体。在颜色方面，文字的颜色需要与页面和谐，与背景颜色对比鲜明。在选择字体时，标题类的字体可以适当加大加粗；需要阅读的正文部分字体较小，同时不使用较粗的字体，以保证阅读。为保证页面的协调，一张图片或者一个页面中的字体不要超过3种。

4.3.3 店铺装修色彩搭配

如果店铺的色彩不统一，就会使店铺显得不协调，影响店铺转化率。在色彩搭配方面，店铺的主色调不要超过2种，也不要在背景图中穿插种类过多的其他颜色，以保持整个店铺颜色的统一。

在用色方面，卖家需要了解不同颜色代表的意义和搭配方法，以优化店铺颜色搭配，或根据季节、节日的变化设计新方案。

1. 白色

白色往往显得高级、简易、摩登、充满科技感。在单独使用时，白色会带给人寒冷、严峻的感觉，因此白色往往以深浅不同的颜色体现，如米白、象牙白等。在店铺设计中，白色与红色、黄色等暖色的搭配可以表达出华丽的感觉；与蓝色、紫色等冷色的搭配可以表现出清爽的感觉。基于以上特点，白色一般用来表现明亮、洁净感觉的商品，如卫生用品、家居产品等。

2. 黑色

黑色能够传达出高贵、隆重、神秘、稳重、耐用的感觉，同样也具有科技感。许多科技产品的用色都会选择黑色，如电视、音响等。同时，很多服装、服饰也往往用黑色传达高贵的感觉。在色彩搭配方面，黑白搭配和黑色与黄色、红色等单色的搭配都是十分普遍的搭配方案，能够起到鲜明、华丽的效果。

3．绿色

提起绿色，人们往往会联想到植物、环保、天然、健康等。绿色与白色的搭配显得明亮、自然；绿色与黄色的搭配可以显示出植物的生机。因此，以草本精华为卖点的化妆品店铺等往往会采用绿色与白色的搭配；销售茶叶、绿植的店铺往往采用绿色与黄色的搭配。

4．蓝色

蓝色常常让人联想到天空和海洋，传递稳定、平静的感觉。以明亮的蓝色为主色，白色、灰色为辅色可以使店铺显得干净、整洁。一般来说，销售科技产品、清洁产品、海洋产品的店铺常常以蓝色为主色调。

5．红色

红色是十分醒目、喜庆的色彩，能够传达出热情、庄重的感觉。高纯度的大红色往往用于销售婚庆用品的店铺，营造喜庆氛围。低纯度的红色很有复古意味，常用于主打复古的服装店铺。

第5章
客户服务——服务足够到位，买家才会感到满足

跨境电商客户服务工作对于卖家来说十分重要，优秀的客户服务能够直接促成交易，提高销售额。卖家需要热情地和买家进行沟通，详细介绍商品，准确回答买家提出的各种问题。在买家下单后，卖家需要进行订单追踪，并向买家反馈订单进度。买家收货后，卖家也需要对买家进行必要的商品使用指导、邀请买家好评等。只有卖家的客户服务工作足够到位，才能够让买家获得更好的购物体验，促进商品转化并提高店铺口碑。

5.1 做好客户服务的几项必备能力

卖家要想做好客户服务工作，需要具备在商品方面的专业能力、对跨境电商流程的掌握能力、出色的售后服务能力等。卖家不仅要具有出色的线上沟通、销售能力，更要对跨境电商业务有充分的了解，做到有的放矢。

5.1.1 在商品方面的专业能力

要想做好跨境电商客户服务工作，卖家首先要充分了解商品，在与买家沟通的过程中展示出自己在商品方面的专业性。对于一件商品，买家想要了解的相关知识有很多，如品牌及品牌理念、原材料、生产工艺、使用方法、功能特点等。当买家询问这些问题时，如果卖家的回答不够专业，就会让买家产生怀疑，最终导致买家流失；如果卖家能够给出专业的回答，则会加强买家对于自己的信任，进而促成交易。

同时，因为对于不同商品，买家想要了解的主要方面不同，所以在介绍商品时，卖家需要对商品进行有针对性的介绍。例如，如果店铺的商品为跨境食品，买家在了解商品时往往会询问商品的原材料、生产流程等。在介绍商品时，卖家需要突出商品采用了高质量的原材料、生产流程十分严格等，消除买家对于商品的担忧。再如，对于一些手工艺品、服装等，卖家需要介绍清楚商品的设计理念、采用的特色手工艺、其中的技艺积淀和消耗的时间成本等。这些都能够凸显卖家的专业和商品特色，增强买家信任。

此外，卖家还需要根据不同市场买家的不同需求，有针对性地介绍商品。例如，不同国家的服装尺码、电器规格等不同，卖家需要根据买家的所在地区，向其推荐符合其需要的商品。

只有对商品足够了解，卖家才能够从容、专业地回答买家提出的各种问题，促使买家下单。在日常工作中，卖家需要不断积累商品的专业知识，总结买家咨询的问题，通过不断学习提高自己的专业能力。

5.1.2 对跨境电商流程的掌握能力

由于距离远，跨境电商业务的流程比较复杂。从买家下单到签收，其间需要经历供应商发货、运输、抵港报关、查验、放行、配送等流程。卖家需要了解跨境电商流程，妥善应对买家在商品运输过程中提出的各种问题。

在买家下单环节，卖家需要针对买家的需求，进行相应的操作，使下单顺利完成。如果买家需要发票，卖家就需要修改订单信息，以便后续打印发票。如果买家申请赠品或包邮，卖家需要及时回复，通过妥善沟通与买家达成一致意见。如果买家询问发货时间、运输方式、运输时长等，卖家也需要准确回复。

在买家下单后，卖家需要和买家确认收货信息，并打印快递单与出货单。如果买家提出了修改收货地址的申请，卖家就需要根据物流进度，采取相应的解决办法。此时如果商品还未发货，卖家可以直接在后台更改收货地址，并再次和买家确认。如果商品已发货，卖家就需要进行商品拦截并重新发货。

在订单生成后，卖家需要对订单进行全流程的跟踪。卖家要跟踪订单是否已经正常发货，如果迟迟未发货，就需要与供应商进行沟通；如果已经超期未发货，卖家就需要与买家协商补偿方案、进行订单登记，并进行后续处理。在物流过程中，如果订单出现异常，卖家也需要进行登记，并及时解决问题。

在买家收货后，也会涉及商品的换货流程和退货流程。卖家需要了解买家换货、退货的原因，沟通运输方式，待商品送回后进行商品检查，再重新发货或者退回账款。

总之，卖家需要清晰了解跨境电商的整个流程，解决不同环节中遇到的问题，让买家获得良好的购物体验，最终完成交易。

5.1.3　出色的售后服务能力

售后服务是客户服务的重要内容，也是卖家需要处理好的重要工作。卖家要具备出色的售后服务能力，应做好以下几个方面，如图5-1所示。

```
及时反馈
```

```
及时沟通并给出解决方案
```

```
做好买家信息管理，实现二次营销
```

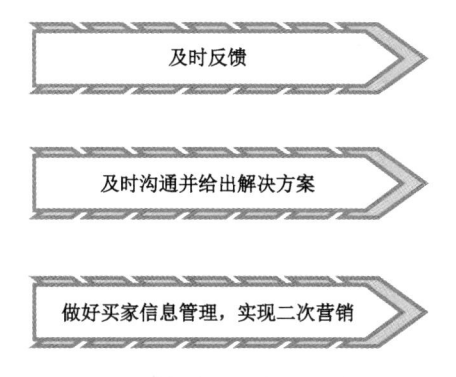

图 5-1　做好售后服务的 3 个方面

1．及时反馈

在运输过程中，买家往往会关注商品的物流进展情况。卖家的及时反馈可以提高买家的满意度。

（1）商品发货后，及时通知买家。如果发货时间延迟，卖家需要及时向买家解释原因，也可以提供一定的补偿。

（2）商品到达海关时，提醒买家物流进度。如果物流拥堵导致延迟配送，卖家就需要向买家表达歉意，安抚对方情绪。

（3）商品到达收货点时，提醒买家取货。商品到达收货点时，卖家也需要向买家反馈物流进度，提醒对方取货，同时也可以鼓励对方发布好评。

2．及时沟通并给出解决方案

在售后服务环节，卖家会遇到各种各样的问题，如买家咨询商品使用方法、买家提出商品退换货问题等。无论解决什么样的问题，卖家都要做到及时与买家沟通并给出解决方案。

例如，如果买家询问商品的使用方法，卖家不仅要及时回复，也要给出有效的解决方案，如向买家发送讲解商品使用方法的视频、商品组装的示意图等。如果买家表示商品在收到的时候已经破损，卖家就需要及时提出补偿、补发方案，而不是在物流责任、店铺责任这方面周旋。及时、有效地解决问题，才能够提高买家满意度。

3. 做好买家信息管理，实现二次营销

一次交易成功后，买家与卖家之间的信任关系已经基本建立，二次营销成功的概率会比较大。因此卖家一定要做好买家信息管理，通过买家信息分析找出那些可能会持续下单或者下大单的买家，向其重点推销店铺的优惠活动、新品上市活动、会员福利等，实现二次甚至多次营销。

5.2 客户服务工作的最终目标

对于卖家来说，客户服务工作的最终目标主要有有效保障账号安全、大幅降低售后成本、积极推动交易等。卖家所做的很多工作，都是为这3个目标服务的。

5.2.1 有效保障账号安全

客户服务工作的主要内容之一就是要进行安全维护。在这方面，卖家需要注意平台规则，及时处理有关账号的各种投诉。

店铺每天有大量的访客和咨询，因此卖家需要快速处理买家的各种问题。如果卖家回复不及时或者效率低下就会影响工作效率，这时就很有可能收到买家的举报或投诉。在卖家账号收到举报后，跨境电商平台会依据规则对卖家进行扣分处罚。

例如，亚马逊平台规定所有新卖家的初始分数为200分。每发现卖家有违反平台规定的行为，都会对相关账户进行扣分，并在卖家解决该违规行为时恢复扣

除的分值。不同违规行为的分值不同，一般为 2 至 8 分，但严重违规行为会使卖家账户的评级分数归零。此外，如果卖家重复违规，也可能会被加倍扣分。一旦卖家账户因评分过低而被停用，卖家就会面临封店危险。

跨境电商平台通常注重卖家店铺的负面反馈和商品评论，每一个低评分和投诉举报都会为卖家增加一分风险。纠纷过多则会直接影响店铺的服务指标，系统就会对卖家进行处理，使其推荐和排名靠后。卖家店铺得不到曝光，订单量就会减少，甚至不得不关闭店铺。因此，卖家一定要谨慎处理买家评论问题。

例如，某卖家店铺长期评分稳定。一天，某买家在该店铺购买了一件加厚长款风衣，收到的商品却是短款风衣。买家拍下商品图片连同订单截图一起发布了差评，并准备投诉卖家实际商品与描述图片不符，影响购物体验。店铺卖家看到差评后马上检查了该订单，在确认是自己的失误后及时与这位买家沟通联系，解释发错货的原因并诚恳道歉，并通过重新发货及发放店铺购物券等优惠补偿形式安抚买家情绪，最终取得买家谅解，差评也被删除，成功维护了卖家店铺的评分。

不少跨境电商平台对于卖家都有一整套的考核指标。以亚马逊为例，在绩效考核上，亚马逊有"订单缺陷率""订单取消率""订单延迟率"等诸多指标，一旦店铺不达标，就会被审查，严重时会被关闭。要避免这些问题，卖家就需要及时有效地解决账号运营问题。

5.2.2 避免不必要的售后问题

跨境电商交易中往往会存在这样的情形：商品附带的使用说明书使用的是商品产地的语言，海外买家往往看不懂。即使是使用了买家所在地的通用语言，买家也可能会因为对说明书有疑问而进行咨询。

同时，关于商品介绍、服务说明，多久时间内可以免费维修，多久时间内可以包换，或者是什么情况下不能免费维修，什么情况下不能退换等，这些问题往往并没有在说明书上陈述清楚，这时候买家就需要找卖家进行咨询。

例如，某卖家接到一位买家的退货申请，理由是箱子质量差。卖家很纳闷，因为自家的商品卖出了很多，从来没出现过质量问题，于是就询问买家质量问题出在哪里。买家解释说把手和箱子连接的地方非常软，在提的时候根本无法承重。卖家就向其解释箱包的材质一般分为软质和硬质，并不是软的就比硬的承重能力差，并让买家装载物品试提，后来买家表示没有问题，这件事也就平息了。

再如，一家主营电子产品的跨境电商卖家收到一个购买挂式耳机的买家的换货申请，卖家咨询问题所在，知道是右音响的发音存在问题，便同意了申请。后来卖家收到退过来的商品后，发现右边发音孔有明显的污渍和清理过的痕迹，便和买家进行沟通，最终买家承认音效问题是自己不小心损坏耳机造成的。最后卖家同意免费帮忙修理，买家也欣然同意。

以上这些案例，都表现出了卖家展示商品信息不充分的问题。这会大大增加卖家售后服务的复杂性，使卖家增加一些不必要的工作。如果卖家能在买家收到货物前把这些问题都说清楚，对于买家而言，显然会感到服务的细致，而对卖家而言，又省去了许多不必要的事端，可以说最终达到的是双赢的局面。

5.2.3 积极推动交易

卖家进行客户服务工作的重要目标之一就是推动交易，促使买家快速下单、多次下单。在这方面，卖家需要做好以下几点。

首先，卖家要抓住买家的需求。在买家询问某款商品的功能时，除了详细介绍该款商品的功能外，卖家也需要询问买家的需求，进而明确该款商品是否能够满足买家的需求。如果该款商品不能够满足买家的需求，卖家就需要积极向买家推荐其他能够满足买家需求的替代商品。总之，卖家需要尽可能地匹配买家需求，进而促成交易。

其次，卖家要消除买家的犹豫心理。很多时候，一些咨询过商品的买家迟迟不肯下单，对于这种情况卖家也不能轻易放弃，而是要主动与他们沟通，了解对方的担忧，并积极消除对方的犹豫心理。例如，当买家表示商品的价格有些贵时，卖家可以提醒对方当前可以享受的一些优惠，如加入会员享受折扣、满两件 8 折等，消除买家在价格方面的犹豫；当买家表示担忧某款服装不好搭配时，卖家可以及时给出一些搭配建议，提供可搭配服装的链接等，消除对方的犹豫。

最后，买家要进行相关商品推荐。当买家买下某款商品来咨询时，在沟通过程中，卖家可以顺势推荐其他相关商品，从而实现关联销售。例如，某买家购买了一对哑铃，向卖家询问哑铃使用的方法和注意事项。在回答以上问题的过程中，卖家就可以讲一些健身知识，自然地引入其他健身器材，并为买家制定完善的健身方案等，从而将哑铃相关的健身器材推销出去。

5.3 如何提高客户服务的质量

随着跨境电商的发展，买家对卖家客户服务质量的要求越来越高。要想长久发展跨境电商业务，卖家就需要提升客户服务质量，带给买家更好的购物体验。

5.3.1 积极收集并分析买家的反馈

很多买家都会有这样的习惯：当购买的商品低于自己的预期时，往往会给商品一个差评。当购买的商品达到或者高于自己的预期时，往往不会主动给商品好评。面对这种情况，卖家需要积极收集买家的各种反馈，并据此进行分析。

假设有一个买家通过电商平台购买了某卖家的商品，结果对商品很不满意,便给了商品一个差评。卖家发现差评后立即与这名买家沟通,最终买家取消了差评。但不幸的是在这段时间内,还是有一些买家看到了差评,并放弃了购买打算。

如果卖家在买家收到商品时就积极征询其关于该商品的意见,并对买家的不满做合理的解释并进行安抚,那么买家就不会去平台上给差评,也不会对其他潜在的买家造成负面影响。由此便可看出积极应对和消极应对之间在效果上的巨大差异。

那么卖家应如何积极地征求买家的意见反馈呢?跨境电商交易模式中存在诸多环节,如购买、物流等,这些环节都需要卖家与买家进行积极有效的沟通,听取对方意见,搜集数据进行分析,为商品的市场战略调整做参考。

例如,在购买前买家的咨询环节,卖家应该对于买家的产品需求进行询问,从而积极地找准市场的需求点,这样一方面可以有效推销店铺已有的符合需求的商品,另一方面也可以就店铺没有的商品做符合市场期待的调整。

在运输过程中,卖家也要积极地与买家进行沟通。买家可能想查询订单状态然而不知道途径,或者是对于查询订单状态时显示的内容不是很懂。这种情况下,一些买家可能不会向卖家询问,但是如果卖家积极主动地就买家需求进行意见征询,那么卖家的服务质量就体现出来了。这有助于提升买家体验。买家的体验提升了,便有可能转化为店铺的忠实客户。

5.3.2 提供确凿证据及通俗化的解释

在与买家进行沟通时,卖家需要以确切凭证为依据,进行合适的回复,不要随意承认错误或敷衍回答。下面来看两个场景。

场景一:

一位买家在一家种子专卖店与卖家沟通:"我要的是草莓种子,但收到的是桑葚种子,这是怎么回事?"同时,该买家还给了一星差评。店铺卖家看到有人给了差评，十分着急，并没有查看订单便迅速向买家道歉，并承诺补发。

然而事实上卖家并没有发错种子，订单的确为桑葚种子，是买家在购买种子的过程中的手误下错了单。卖家随意承认自己的错误不仅造成了经济损失，也影响了店铺的口碑。在遇到这种情况时，卖家首先需要查询订单，了解是哪个环节出了问题，再制定解决方案。在上述场景中，下单记录的截图就是有力的证据，能够避免卖家的损失。

场景二：

一位买家在一家种子专卖店评论："这些种子已经种下一个月了也没有发芽，质量很不好。"同时，该买家还给了一星差评。

面对买家的差评，卖家与该买家在评论区进行了多轮沟通，解释了跨境交易距离远，环境差异大，种子可能会受当地环境的影响发生变化。同时，卖家还出具了种子检测报告及同一地区种植成功的案例，并详细指导了买家的操作。卖家经过一番有理有据的沟通，终于收获了买家的认可。

通过以上两个场景的案例可知，面对买家的疑问，卖家需要提供有理有据的回复，如商品详细的商用说明、细节图片等。有理有据的回复能够有效化解误会、增加买家信任。

此外，在有理有据的基础上，卖家在与买家沟通时，也要使用通俗化的解释，使买家更清晰地理解自己说明的信息。例如，一位买家向卖家询问商品目前的物流进度，并发送了一张网站显示的物流进度截图，上面展示了时间、地点等。在解释这张截图时，卖家并没有逐一解释截图中的信息，而是进行了通俗化的解释："这表明商品正在接受海关安检，请耐心等待"，高效回答了买家的询问。

5.3.3 采用迂回的沟通技巧，诚恳地解决问题

很多时候，同样的内容，换一种表述就能够让人接受，也更能够有效解决问

题。因此，在与买家进行沟通时，卖家不妨换一种表达方式，采用迂回的沟通技巧，诚恳地解决问题。下面来看两个场景。

场景一：

卖家看到一位买家为商品打了一个差评，但并没有解释差评的原因。为了了解问题所在，卖家需要与买家进行一场沟通。如果卖家在沟通时第一句话就直接问"你为什么要给我的商品差评？"通常是不会得到回复的，即使买家回复了，也容易引发争吵。

而如果卖家通过迂回的方式沟通，先以"我是谁"的介绍让买家了解自己，接着再表达歉意和阐述沟通的目的："对不起，给您造成了不好的购物体验，我想了解一下我们哪些地方让您不太满意？"这样的沟通方式更容易赢得买家的好感，使其愿意和卖家沟通。在了解差评的原因后，卖家也需要给出合理的解释，并给出一定的优惠，引导买家取消差评。

场景二：

一位买家向店铺提出了退货申请，原因是自己购买的陶瓷制品收到时便已有破损了。卖家了解到这个问题后，基于此次不愉快的购物经历向买家道了歉，并表示："发货之前我们都会对商品进行检查，保证商品是完好无损的。但由于跨境电商物流环节多，陶瓷制品容易在运输过程中损坏，这也是不可避免的。"在委婉地解释了商品损坏的原因之后，卖家又提出了合适的解决方案："即使是物流方面的失误，我们也愿意为您服务。如果您接受，我们将重新发一份相同的商品。"最终，买家接受了这个提议，并在收货后为商品打了一个五星好评。

在以上两个场景的案例中，卖家都通过迂回的沟通方式，成功解决了纠纷。迂回的沟通方式能够很好地平复买家情绪，引导买家走向下一个流程，接受卖家提出的解决方案，从而快速解决纠纷。

5.3.4 提出多套解决方案，让买家自己选择

在解决买家纠纷时，不同的买家会有不同的要求，因此卖家不能使用单一的解决方案，尽量提供两个或两个以上的解决方案，以便于买家选择。在介绍解决方案时，首先提供一个主推方案，再附上备选方案，让买家感受到服务的贴心。

例如，在收到客户催单消息时，首选方案就是让买家继续等待，卖家可以表示："现在商品邮寄了 10 天，仍在正常范围内，不必担心，我们将持续关注商品物流状态"。同时，卖家也可以提供备选方案："如果在 25 天内仍没有收到商品，并且不想再等了，请联系我们，我们可以为您退款并取消投递"。

同时，为了体现对买家的尊重，卖家也可以直接给出两个解决方案，并征求买家的意见。例如，一位买家发现自己收到的马克杯表面的花纹存在瑕疵，并就此事与卖家进行了沟通。如果卖家直接表示："按照规定，如果您对商品不满意，可以直接退换商品。我们将在收到退换的商品后补发新商品或者退款"，那么买家即使得到了解决方案，也未必会对这一处理结果满意。

而如果卖家这样说，"我们仔细看了您发来的照片，发现问题并不大，除了影响马克杯的美观外，并不影响它的使用。为了让您更加方便，如果您接受这个马克杯，我们将退给您相应的补偿费用；如果您不接受，想要一个全新的马克杯，可以选择退换商品，我们将补发新的马克杯。"显然这种有选择性的解决方案更能够让买家满意。

其实卖家最好的服务就是让买家感受到卖家的贴心，感受到卖家真切考虑到了买家的利益，并通过一种自然的沟通表达了出来。因此，卖家需要在沟通过程中积极主动，提供多样的解决方案，切实帮助买家解决问题。做到这些，才能够有效提高客户服务质量。

第6章

收付款方式——用最对的方式，流通最安全的钱

随着跨境电商业务的发展，可供跨境电商卖家选择的支付方式也不断增多。卖家在选择收付款方式时要注意避开一些常见误区，选择适合自己的收付款方式。同时，在这一环节，卖家也需要注意规避收付款的风险。

6.1 选择收付款方式时的误区

跨境电商卖家在选择收付款方式时可能会遇到低费率陷阱、收款陷阱等，只有规避这些误区，卖家的收付款才能够更加安全，同时降低成本。

6.1.1 误区一：低费率=低总成本

很多跨境电商卖家在选择合作的第三方支付公司时都会陷入低费率陷阱，将

支付费率的高低作为选择第三方支付公司的首要考虑因素，导致后续产生一系列支付风险。支付费率低并不意味着卖家的支付总成本低。

跨境电商的支付费率一般在 0.5%至 1%之间。而市面上，以低支付费率甚至零费率为卖点的第三方支付公司也不在少数。卖家在选择支付费率很低的第三方支付公司时，必须仔细阅读条款中的细则。一些低支付费率的第三方支付公司给出的条款的细则中往往会隐藏一些附加费用的收取规则，这些规则会增加卖家的支付成本。

同时，与这些低支付费率甚至零支付费率的第三方公司合作，也可能会出现收款安全问题。一些牌照与资质不全的第三方支付公司往往会以低支付费率或零支付费率为噱头吸引卖家合作，一旦收到钱款便会销声匿迹，让卖家白白遭受损失。此外，如果第三方支付公司的资质不全，出现合规问题，那么与之合作的卖家也会面临资金冻结的风险。

在选择第三方支付公司时，卖家要想找到支付费率低又安全可靠的第三方支付公司，就需要仔细甄别，选择大型企业推出的支付平台。

例如，广州市高富信息科技有限公司于 2016 年推出的企业跨境电商平台"Skyee"就是一个不错的选择。"Skyee"向跨境电商平台卖家提供收款、付款、汇兑等一站式服务，支持 100 多个国家的全球本地支付结算业务，并与多家主流跨境电商平台达成了合作。在提现费率方面，"Skyee"的提现费率为 0.2%，将有效助力跨境电商卖家降本增效。

6.1.2 误区二：失去迅速获取款项的权利

在选择第三方支付公司时，卖家还需要对其收款周期进行考察。收款周期过长也会影响卖家跨境电商店铺的正常运营。

例如，某跨境电商卖家启动了一项新的销售业务，起初一切都很正常，但不久之后，其合作的第三方支付公司突然通知该卖家，由于需要调查可疑活动，卖家的账户需要被冻结一段时间。此后，该卖家的账单不断增加，而卖家却无法通过账户资金支付账单。

一般来说，第三方支付公司都会有一项将卖家收到的款项冻结数个工作日的政策。待资金解冻后，卖家才可以提现。针对这个问题，卖家需要选择合适的收付款方式，将账款冻结控制在自己可以承受的范围内。

例如，如果卖家选择了信用卡支付方式，就需要注意其中的收款风险。一些信用卡公司会对卖家的部分收款金额进行押款，一般为收款金额的 10%到 30%。这部分款项需要 90~180 天不等的周期才会放款到卖家账户中。因此，在选择合作的信用卡支付公司时，卖家需要了解其是否存在以上规定，并了解其进行押款的具体百分比。此外，如果卖家选择了 Paypal、WorldFirst 或 Stripe 等第三方支付平台，则需要关注这些平台的放款时间。一般来说，卖家 3 天左右即可收到账款。

总之，卖家在选择收付款方式时，需要提前了解提现规则，避免因不了解到账时间的规则而影响资金回流和店铺运转。

6.2 跨境电商常用的收付款方式

跨境电商可以选择的收付款方式多种多样，不同的收付款方式也有各自的特点。跨境电商卖家需要了解这些收付款方式，并从中进行选择。

6.2.1 电汇：经久不衰的传统方式

电汇指的是通过电报办理汇兑。其流程为汇款人先将所汇款项存入汇款银行，然后汇款银行以加押电报的形式指示目的地分行（即汇入行），随后，汇入行将向收款人支付这笔金额。具体流程如下所示。

（1）收款人如实填写汇款申请书，采用电汇 T/T 的方式将所汇款项和所需费用交给汇出行，并取得电汇回执。

（2）汇出行接到申请书并审核无误后，通过电报或电传向汇入行发出指示，同时在正文内容前加列密押。

（3）汇入行收到电报内容进行核实，核实无误后即编制电汇通知书，通知收款人取款。

（4）收款人凭借通知书向汇入行取款。

银行对电汇业务处理的速度很快，通常在一个工作日内就可以完成。因此，一般大金额的汇款都会采用电汇方式。电汇具有安全和快捷的优点，而且它没有金额的起汇点限制，适用范围更广。

6.2.2 西联汇款：便捷迅速的方式

西联汇款历史悠久，是一种十分传统的汇款方式。西联汇款和全球范围内的许多银行都建立了合作关系，在全球设立了数十万个代理网点，建立了庞大的服务网络。借助其强大的服务能力，用户可以在 200 多个国家内进行跨境、跨币种的转账。

西联汇款的操作流程比较简单，汇款人只需到所在地最近的西联合作网点填写好详细信息即可，其余的工作西联汇款公司的工作人员会帮助完成。

一般来说，汇款人需要填写汇款表单，然后支付相应的手续费，签名并接收收据，并可以得到汇款监控号码。汇款监控号码可以用于跟踪汇款状态，直到收款人完成收款。

对于收款人来说，在前往合作网点取款时一定要确保货款已到，确认工作可以通过和汇款人联系或者网上查询实现，同时一定要核实信息，避免出错。随后即可前往合作网点。收款人需要携带身份证和汇款国家或地区汇款金额、汇款监控号码，填写表单，签署收据后即可取款。

西联汇款的特点在于使用方便，其合作网点遍布全球，很多国家和地区都可以使用这一支付方式进行线下交易，手续也比较简单。另外，西联汇款的到账速度很快，国内汇款一般可以实时到账。国际间的汇款一般需要 1～5 天。最后，西联汇款的手续费由买家承担，而且支持先提钱再发货，对于卖家而言比较划算。

6.2.3 信用卡：流行于欧美地区的方式

欧美地区的买家习惯使用信用卡作为主要支付方式。为了满足买家需求，许多跨境电商卖家都会将信用卡作为自己的主要收付款方式之一。

信用卡的优势如下：先消费后还款，用户还享有一定期限的免息权，可以自主分期还款；具有支付功能，持卡人可以通过信用卡从发卡机构获得一定的贷款；使用信用卡能简化收款手续，节约社会劳动力。目前在欧美国家，信用卡机制已经十分健全，用户群体十分庞大。

跨境电商买家开通信用卡收付款方式，也能够满足欧美地区买家的支付需求，以便捷的付款方式吸引买家尽快下单。同时，依靠 Visa、MasterCard 等信用卡组织的 3D 验证和第三方支付公司的风控，卖家可以有效避免信用卡欺诈风险，保障资金安全。

卖家可以与第三方支付公司合作，接入信用卡收付款方式。例如，Stripe 就是一家一站式跨境支付服务商，可以为卖家提供完善的支付服务。卖家可以通过 Stripe 开通信用卡收付款方式，享受多种信用卡、多种币种的稳定、高效收款。同时，Stripe 自动与 Shopify 自建站对接，还会为卖家提供智能风控引擎，保障每一笔交易的安全。

此外，跨境电商卖家在选择信用卡收付款时，需要注意其中的拒付风险。在一定周期内，信用卡的持卡人可以申请对某笔交易拒绝付款，卖家承受损失。不过，信用卡的拒付率并不高，同时拒付行为也会对持卡人的信用产生影响，因此持卡人不会轻易拒付。

6.2.4　国际支付宝：功能丰富的支付方式

国际支付宝是由阿里巴巴与支付宝共同打造的，旨在保护国际线上交易安全的第三方支付担保服务。已有国内支付宝账户的用户只需要绑定国内支付宝账户，就可以使用国际支付宝。没有国内支付宝账户的用户也可以先进行国内支付宝账户申请，再绑定即可。

在交易过程中，买家将货款转移至国际支付宝账户中，然后国际支付宝通知卖家发货，买家在收到商品并确认没有问题后，国际支付宝再将货款转至卖家，这时一笔线上交易就完成了。国际支付宝的安全性极高。它的风控体系能够确保用户交易的安全，而且只在收到货款的情况下才会通知卖家发货，买家确认后才会将货款转至卖家账户。

同时，国际支付宝支持多种支付方式，包括信用卡、T/T 银行汇款等，无须预存任何款项，也不收取任何额外服务费用。在运输方面，国际支付宝支持 EMS、DHL、UPS、FedEx、TNT、SF 等运输方式，只要通过以上方式发货的商品，都可以通过国际支付宝进行交易。

此外，跨境电商卖家在使用国际支付宝时还需要注意，为降低交易风险，国际支付宝仅支持单笔交易金额在 10 000 美元以下的交易。这里的交易金额指的是商品价格、运费、交易佣金加在一起的总金额。

6.2.5　Paypal：使用率较高的方式

基于线上支付即时到账、无须支付任何费用等优势，Paypal 深受用户青睐，并成长为全球最大的在线支付平台，也是跨境电商的主流支付渠道。

Paypal 的支付主要通过邮件进行。付款人登录开设 Paypal 账户，通过验证后成为其用户，同时提供信用卡或相关银行资料，保证账户有一定金额，将银行账户中的金额转至 Paypal 账户中。

在付款人向收款人付款时，需要先登录 Paypal 账户，输入汇出金额，并提供收款人的电子邮件地址给 Paypal。随后 Paypal 向收款人发送电子邮件，对其进行收款通知，如果收款人也是 Paypal 用户，货款就直接转入其账户。如果收款人不是 Paypal 账户，Paypal 会引导其注册成为 Paypal 账户，而后完成收款。

对于跨境电商卖家而言，Paypal 实现了网上自动化支付清算，有效提高了运营效率。同时，它具有成熟的风险控制体系，内置防欺诈模式，个人财务资料不会被透露。

同时，资金风险也是许多卖家所担心的，卖家需要注意以下事项。

第一，在注册好 Paypal 账户后，卖家要及时进行认证。如果不做认证，不仅提现额会受限制，账号还会被标记为高风险账号，这可能会触发 Paypal 的审核机制，导致账号被冻结。

第二，卖家在第一次使用 Paypal 时，会被冻结一次账户，这是正常的。在初次使用 Paypal 时，Paypal 为了防止卖家不发货、发假货等情况，会将收到的钱款在账户中冻结一段时间，21 天后就会自动解冻。要想快速解冻，卖家可以在发货后及时上传单号。待 Paypal 通过查询单号确定订单已经投妥后，就会解冻资金。

6.2.6 WorldFirst：提供全球支付解决方案

WorldFirst（万里汇）2004 年成立于英国伦敦，是一家以跨境支付为主要业务的支付平台，2019 年加入蚂蚁集团，并成为旗下的品牌，服务覆盖全球 200 多个国家，支持 40 多个币种。卖家可以通过 WorldFirst 的全球支付服务免费开通各个币种的银行账号，接收来自全球买家的款项。

款项到账后，卖家可以轻松提现到国内银行卡。提现用时不长，通常在卖家申请提现后的第二个工作日就可以收到。不论所收款项是什么币种，卖家在提现时都会以人民币的形式收款。同时，跨境卖家在提现时，WorldFirst 将封顶收取 0.3%的提现费。

WorldFirst 的优势主要体现在以下几个方面。

1. 保障资金安全

WorldFirst 拥有全球数十张合规牌照，与 100 多个国家和地区的支付机构达成合作，搭建起了完善、灵活的支付网络，以保障卖家资金安全。同时，WorldFirst 还搭建了内控、合规、风控团队，全面进行风险控制。此外，WorldFirst 还会请会计师事务所对自身的运营进行监督和审查，全面为卖家的资金安全保驾护航。

2. 全面收付能力

WorldFirst 支持全球数十家平台收款，是 eBay, Walmart 等 120 多个主流跨境电商平台和支付网关所青睐的收款平台。借助与这些跨境电商平台的合作，WorldFirst 可以为卖家扩展全球市场提供支持。

通过使用 WorldFirst 支付服务，卖家可以无汇损接收来自全球多个国家买家的转账。同时，WorldFirst 的环球电汇账户功能可以帮助卖家接受超过 200 个国家的企业电汇。凭借这些功能，卖家可以用一个账户收遍全球账款。

WorldFirst 凭借合规安全管控优势、全面的收付能力等，可以为卖家提供高效的支付解决方案，助力卖家企业发展。

6.3 选择收付款方式时的要点

收付款方式多种多样，在选择收付款方式时，卖家需要充分考虑自身需求和市场特点，选择合适的收付款方式，同时也需要注意不同收付款方式使用过程中面临的风险。

6.3.1 有的放矢：充分考虑自身及市场的特点

跨境电商卖家在不同平台上开设店铺，往往也会有不同的受众市场。卖家在选择收付款方式时需要考虑当地人的支付习惯。

在不同的国家和地区，买家对支付方式的选择也不同。例如美国的信用卡机制比较完善，因此美国买家在选择支付方式上更加倾向于选择信用卡，欧洲买家普遍喜欢使用 Paypal，而东亚很多国家都习惯使用银联。

分析买家的支付习惯非常重要，否则买家很有可能因为不习惯的支付方式而放弃这笔订单。

例如，某跨境服装企业把经营重心放在对欧洲服装的在线清算上，尽管商品质量很好，但是订单的转化率并不高，仅为 60%，弃购现象非常多。

后来经过分析，这家企业发现在支付页面上缺乏对买家付款的有效引导，而且最重要的是这家企业所提供的支付方式没有包括当地人最习惯的本地化支付方式，因此很多买家被卡在了支付的最后一步。了解到这一问题后，这家企业立即对其进行了修改，加强了支付界面对于买家的引导功能，并增加了欧洲常用的EPS、Ideal、Giropay等本地化的支付方式。

不久，买家的支付效率就得到了明显的提升，订单的转化率也由原来的60%达到了80%以上。

6.3.2 注重安全：仔细分辨收付款的风险

不同的收付款方式可能存在不同的支付风险，卖家需要仔细分析这些收付款方式对卖家和买家的风险，进而实现风险防范，进一步保障交易安全。

信用卡是一种对于买家和卖家都存在风险的支付方式。对于买家而言，欧美是比较习惯于使用信用卡消费的群体，而且往往习惯于无密支付，买家只需要输入卡号、有效期和CVV2就可以完成支付流程，这就给不法分子的欺诈提供了极其便利的时机。现在的国际信用卡都开通了拒付功能，这对于卖家而言也是潜在的风险。

国际支付宝和Paypal的安全性比较出色，尤其它们采取的都是维护消费者的原则。买家对于商品有任何不满意都可以通过平台投诉，在投诉未处理好之前，卖家不会收到货款，这对于买家是很有利的。不过在跨境电商的这种交易方式中，难免存在着部分恶意买家，那么卖家自身的利益受损也是难免的。

电汇和西联汇款这两种支付方式采取的都是收到货款后发货的方式，这种交易方式对于卖家是有利的，而对于买家来说却存在一定风险。很多买家都会担心货款汇到后卖家不发货的问题，这也成为影响买家下单的因素。不过交易过程中需要买家、第三方支付公司和卖家三方就交易信息进行确认和沟通，因此这种交易的风险是比较小的。

通过以上分析可以看出，跨境电商交易收付款方式的风险是不同的，不但不同的收付款方式有不同的风险，同一收付款方式对于买家和卖家的风险也是不同的。卖家在选择收付款方式时一定要仔细考虑，既要考虑到自己承受的风险，也要考虑到买家对于风险的考量，以此完善交易机制，保证交易安全完成。

第7章

跨境物流——打通跨境电商"最后一千米"

跨境电商运营离不开跨境物流这一关键环节的支持。跨境物流可以为跨境电商卖家提供优质的个性化服务。在完善跨境物流这一环节时,卖家需要选择合适的跨境物流模式,挑选合适的跨境物流服务商,处理好跨境电商海关清关问题。

7.1 跨境物流五大模式分析

跨境物流包括邮政包裹、国际快递、国内快递、专线物流、海外仓储等模式。卖家需要了解这些模式的特点,从中选择适合自己的物流模式。

7.1.1 邮政包裹模式:便宜、覆盖率高

邮政包裹尤其是邮政包裹是传统且主流的跨境物流模式,其优势主要表现在以下3个方面,如图7-1所示。

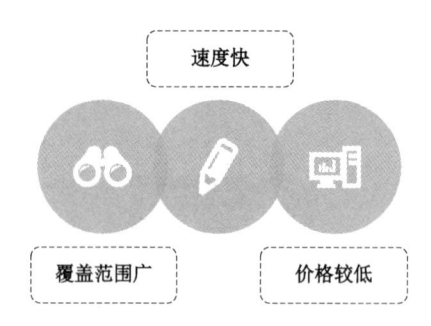

图 7-1 邮政包裹的优势

1. 覆盖范围广

邮政包裹依托于在全球建立的众多网点，形成了庞大的配送网络。邮政经过长时间的发展，目前在全球绝大多数国家和地区都有代理点，在市场占有率上遥遥领先。这为包裹邮寄提供了很大的方便，只要有邮局的地方就可以寄到。对于跨境电商而言，商品在全世界范围内的流动，需要的就是邮政这样遍布世界的网络体系提供流通支撑。

2. 速度快

邮政包裹的物流速度快。邮政包裹走的是航空专线，速度较陆运和海运更快。尤其是有些邮政针对特定地区有速度优势，如德国、瑞典的邮政寄欧洲各国，马来西亚的邮政寄东南亚各国等。

3. 价格较低

邮政包裹有着很大的价格优势。以我国的邮政包裹为例，相比其他国际物流方式，我国邮政包裹不但基础收费价格低，而且在计算最终价格时还可以享受各种折扣。

当然，邮政包裹也有一定的缺点，其中最重要的就是在运输货物的体积、质量限制上。邮政包裹通常用来运送质量较轻、体积较小的商品，例如我国邮政包裹就把质量限制在两千克以内。但是在跨境电商的交易商品中，质量超过两千克的商品有很多，这就局限了其服务范围。

除了可以选择我国的邮政包裹外，跨境电商卖家还可以选择其他国家的邮政包裹。例如，新加坡同样提供邮政包裹服务，其最大的优势就是提供"带电小包"服务，允许卖家邮寄 3C 类商品。这为经营 3C 类商品的卖家提供了便利。另外，对于目标市场是东南亚的卖家而言，新加坡邮政包裹在价格、时效性和服务上具有很大的优势。

7.1.2　国际快递模式：DHL、FedEx、UPS、TNT

国际快递模式指的是通过开展国际业务的快递公司实现物流运输。国际快递在运输过程中，国家之间的海关会对商品进行检验放行。国际快递抵达目的国之后，需要进行清关、装运，才能够运送到最终目的地。在进行国际快递运输时，往往需要用到国际四大快递公司。

1．DHL（德国敦豪国际公司）

DHL 归属于德国邮政全球网络，可以到达 200 多个国家的十余万个目的地。其优势为具有大规模的空运速递网络，时效较快且稳定，3～5 个工作日可以完成物流运输。

2．FedEx（美国联邦快递集团）

FedEx 是一家国际性速递公司，提供隔夜快递、超重型货物运送、文件复印及运输等服务，隶属于美国联邦快递集团。FedEx 主要的运输方式为航空运输，在大件商品运输方面很有优势。

3．UPS（美国联合包裹运送服务公司）

UPS 是全球领先的物流公司，提供包裹、货运运输服务，其营业网点遍布全球 200 多个国家和地区。UPS 拥有独立的航空资源，可以随时随地自由调度，为用户提供更加便捷的物流运输服务。UPS 的优势是快递发美国可以 48 小时抵达，同时在南美、欧美等地的运输价格较低，比较有竞争力。

4．TNT（荷兰天地公司）

TNT 是欧洲最大的国际快递公司，在欧洲快递市场上占据超过一半的份额，为 200 多个国家或地区的用户提供快递和物流服务。TNT 在欧洲、中东、非洲、亚太和美洲等地区都搭建了完善的运输网络。

以上四大国际快递公司各自拥有自己的竞争优势，在物流信息反馈、物流问题处理、客户服务等方面都处于一个较高的水平，综合实力远远大于其他国际快递公司。在选择国际快递模式时，跨境电商卖家可以根据自己的商品种类、运输目的地等选择适合自己的国际快递公司。

7.1.3　国内快递模式：不断拓展跨境物流业务

随着跨境电商的发展，国内快递布局跨境物流的脚步也在不断加速。顺丰、申通、圆通、中通、韵达等国内知名快递公司都在跨境物流方面进行了布局。

其中，和其他几家国内快递相比，顺丰的国际化业务较为成熟，目前已经开通了到美国、新加坡、马来西亚等国家的快递服务。顺丰跨境物流业务的优势主要体现在以下几个方面。

（1）服务优势：顺丰具有遍布全球的物流团队，能够快速帮助企业搭建完善的跨境电商物流方案。同时顺丰通过实时监控、物流回溯追踪等手段，提高了跨境物流的反应速度，能够满足用户对于时效性的要求。

（2）价格合理：顺丰跨国物流服务收费合理，并能够根据用户需求提供个性化的服务。在服务性价比方面具有突出优势。

（3）保证时效：顺丰在全球范围内建立了完善的仓库资源网，同时拥有完善的航空运输服务，可以有效保证跨境物流的时效性。

除了顺丰之外，其他国内快递公司也早早开始了跨境物流业务的布局，以加速快递业务的出海。申通国际、韵达国际、中通国际等纷纷成立，搭建全球物流体系，为全球范围内的卖家与买家提供完善的跨境物流方案。

国内快递的跨境物流服务也是跨境电商卖家搭建物流体系时的一种选择。与四大国际快递公司相比，国内快递公司的跨境物流服务收费更低，缺点是由于跨境物流业务还在发展中，因此覆盖的海外市场比较有限。

7.1.4　专线物流模式：成本低、速度慢

专线物流模式指的是物流公司将快递送到国外的专线目的地，再进行派送。专线物流可以实现点到点的运输，可以通过大规模运输降低运输成本。

和一般物流模式相比，专线物流的优点在于价格低。专线的设置目的就是降低成本，往往出发时间不确定，货满才发出。这样在选择一条合理的运输路线之后，就能有效地降低成本。

同时专线物流也存在着风险。一方面，专线物流为了节约成本需要有充足的货源，一旦货源不充足，那么非但不能节约成本，还会给物流公司带来损失。另一方面，在跨境物流中，由于距离较远，可能会因为各种意外情况耽误时间，影响物流运输的时效性。

专线物流运作流程包括3个环节。

首先是接单，即物流配送中心接到买家的订单，然后根据库存的情况做相应车辆、人员的分配工作。

其次是根据系统的安排结果结合实际情况对已经做出的安排进行调整。调整完毕后，系统会依据货物存放地点的情况以物流公司自己设定的优化原则为准进行拣货清单的打印。然后，承运人则依靠这张拣货清单到仓库提货，同时仓库做相应的出库处理。当包裹出库之后，就要将其装车，并依据发送的买家数打印相关的送货单。

最后是对货物运输情况进行监测。这一环节可以通过 GPS 车辆系统随时监控,也可以和送货人随时保持联系,并随时就信息进行沟通。最后,在货物到达目的地后,经过接收货物一方人员确认后,送货人凭借回执单返回物流配送中心进行确认。

7.1.5 海外仓储模式:受到业内的广泛推崇

海外仓储模式指的是跨境电商卖家在销售商品的目的地进行商品的仓储、分拣、包装、运输等工作的一种跨境物流模式。其优势主要体现在以下两个方面。

1. 退换货方便,保证物流时效性

海外仓发货的物流成本要远低于从国内发货的物流成本,退换货的处理也更加高效便捷,可以解决跨国退换货延误时间久、程序烦杂的问题。同时,由于送达时间足够短,也减少了买家在包裹运输途中反悔的机会,提高了订单的实际成交率。

2. 节省跨境运输费用

在长期的运输途中,不可避免地会出现货物破损、发错货物等情况,这时买家可能会要求退货、换货或重发。如果是跨境收发包裹,包裹运输中途的物流时间、运输的物流费用、物流的人力物力等都会大大增加,为卖家造成压力。如果货物由海外仓直接发货,就能够节省跨国运输的费用,避免付出更高成本。

那么,跨境电商卖家如何实现海外仓储?可以选择以下方式,如图 7-2 所示。

1. 与第三方海外仓合作

第三方海外仓是由海外企业单独设立的,或是与跨境电商卖家合作在海外设立的仓库。如果是海外企业单独设立的,那么卖家就需要支付一定的租用费用。如果是以合作形式建立的仓库,那么卖家就只需要支付物流费用。

跨境电商卖家与第三方海外仓合作能够给自身带来诸多便利。这种模式可以打破运输中对于体积、质量的限制，扩大商品的品类。同时仓储和运输体系比较稳健，时间周期短，能够有效提高销量。

图 7-2　实现海外仓储的 3 种方式

2. 选择跨境平台代发货服务

亚马逊为了更好地推动业务发展，将 FBA（Fulfillment by Amazon，亚马逊物流）这一物流服务系统引入平台。卖家可以将自己的商品直接在 FBA 所提供的仓库中进行存储。只要有买家下订单，亚马逊就会自动帮助卖家完成后续的拣货、包装等工作。

FBA 的物流模式特点如下。

（1）流程简单，保证时效。卖家在其他平台入驻时，打包发货往往需要自己或第三方物流公司来完成。从买家下单到发货，中间需要经由平台转向卖家，再由卖家转向自营物流或第三方合作物流，过程烦琐。而通过 FBA，卖货和发货只在平台和买家之家进行。同时亚马逊在各地建立有货仓，能够就近发货，以有效节约时间，保证物流的时效性。

（2）提高商品的曝光率，增加销售量。卖家在加入 FBA 后，经过系统的自动计算，其店铺中商品的关键词搜索比重就会加大。同时，商品的下面还会出现 Prime 标识，而买家只要每个月缴纳几十美元的费用，就会成为 Prime 会员，并且享受亚马逊提供的包邮服务。

3. 自己建立海外仓

自己建立海外仓能够为跨境电商卖家提供很大的便利，有助于节省物流时间，提高服务质量，提高自身竞争力。但在搭建海外仓时，卖家需要综合评估自己对于海外仓的需求和建设海外仓的成本。

对于中小型跨境电商企业而言，自建海外仓并不是一个很好的选择。一方面，中小型跨境电商企业由于规模较小，对于海外仓的需求也较小，同时自建海外仓需要付出较高的人力和资金成本。综合来看，自建海外仓并不利于企业的发展。

而对于大型跨境电商企业而言，自建海外仓就是一个比较好的选择。选择第三方海外仓合作就面临着配合和妥协。对于有着自己节奏和意愿的大型跨境电商企业来说，这不利于自身的发展。同时，大型跨境电商企业在财力、人力等方面更有优势，具备自建海外仓的能力。自建海外仓把仓储、配送、清关等一系列环节掌握在自己手中，不仅可以增加跨境物流的灵活度，企业也更容易根据市场的变化调整自身的供应，从而提供个性化的服务。

7.2 选择跨境物流的技巧

什么样的跨境物流方式是最适合自己的？该怎样选择优质的跨境电商服务商？要想回答这些问题，跨境电商卖家就需要对跨境物流的痛点、自身商品的特点等进行全面的考虑，最终确定适合自己的跨境电商服务商。

7.2.1 当下跨境物流的痛点

跨境物流中存在诸多痛点，如不同国家的关税问题、运输成本问题等。具体而言，跨境物流中存在以下几个痛点，如图7-3所示。

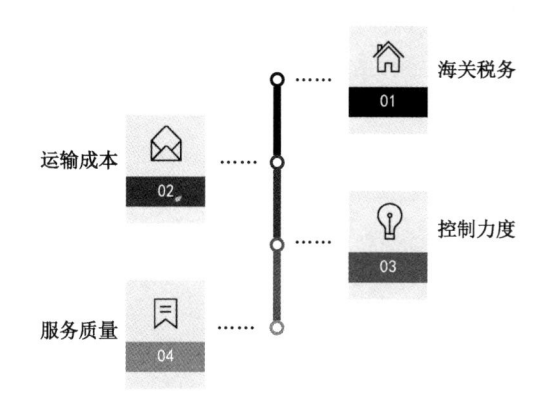

图7-3 跨境物流的几大痛点

1. 海关税务

对于跨境电商而言，几乎所有进出口的包裹都要面临清关的问题。只有被海关查验符合其国家进出口标准，并如实缴纳关税后的包裹才可以被放行。而各国海关的政策并非一成不变，会根据国家的政策进行调整，可能去年享有优惠政策的商品种类今年就不再享有优惠政策。所以在包裹通关时，经常出现一些临时性问题，简单的问题可能只需要卖家在线上补充资料提交即可，而严重的问题可能导致包裹直接被海关扣押，会引起一连串的负面结果，给卖家带来很大的损失。

而且在国际贸易中，跨境包裹同样要缴纳增值税。如果没有特殊政策，几乎所有平台或所有独立站的卖家都要为自己的包裹缴纳增值税。

2. 运输成本

跨境物流的运输周期往往会很长，很多包裹需要经过陆运、海运、空运等多种运输方式，最终才能够送达。因此，时间和运费就成为卖家要考虑的最大运输成本。

一般情况下，国际快递最快也需要 5 个工作日左右。但如果赶上了节假日物流高峰期，卖家订单过多不能及时处理，物流海关拥挤，难以快速过关，就容易导致买家因为没有及时收到包裹而做出差评。此外，很多买家在购物时都喜欢选择包邮商品，例如相比 100 元的商品需要补 20 元的邮费，买家更喜欢买 120 元包邮的同样商品。因此，卖家要找到合适的物流服务商将价格压下来，增加商品对于买家的吸引力。

3. 控制力度

很多卖家因为实力有限，不能搭建自己的供应链物流渠道，难以做到物流运输流程可视化、可控化。对于发出的包裹，卖家很难有效把握其动向。因此，卖家要注意选择有口碑、有保障的物流服务商，在签署合作协议时也要注意这一点。

4. 服务质量

送货和退换货服务是跨境物流需要面对的主要问题。很多买家在收到包裹后，出于各种原因想要退换货，而第一对接人就是物流配送员。而对于跨境物流而言，很多服务商没有退换货服务，更没有上门取件服务，这非常影响买家的购买体验，也影响卖家的业务拓展。

7.2.2 考虑商品的特点：尺寸+质量+价值+时效性

商品不同，所适合的物流方式也不同。所以在选择物流方式时，不同行业的卖家需要根据商品特点选择合适的物流服务商。例如，销售陶瓷工艺品的卖家与销售服装的卖家选择的物流方式与物流服务商往往大不相同。陶瓷工艺品往往体积大、材质脆弱易碎，所以安全、平稳是对物流的第一需求，而服装质量轻、体积小、不易损毁，所以价格便宜、能大量运输的物流才是第一选择。

在选择合适的物流方式和物流服务商时，卖家需要考虑商品的尺寸、质量、价值等。对于商品尺寸较小、质量较轻的商品，如饰品、化妆品等可以选择普通快递公司、邮局快包等。对于商品尺寸较大、质量较重的商品，如家具、电器等，可以选择以大件快递为主要业务的物流服务商。这类物流服务商在承运大件商品方面往往价格更加便宜，在运输、收派、过程监控等方面十分具有优势。

同时，卖家也需要评估商品的价值。如果商品较为贵重，那么物流费用就不是首要考虑因素，运输的安全性才是考虑的首要因素。在贵重商品合作物流服务商的选择上，卖家要选择信誉高、可靠的物流服务商，同时对商品进行保价。这类物流服务商会在商品包装上做好防护措施，避免商品损坏，同时运输过程也可以实现全流程监控，更加安全。

此外，卖家也需要考虑商品的时效性。例如，生鲜类商品的保质期很短，对运输过程中的运输条件也有很高的要求。对于这类商品，卖家需要选择冷藏储运系统完备的物流服务商进行合作。同时，对时效性和保鲜要求较高的商品，卖家可以选择空运。

7.2.3　结合具体的时机：淡季 or 旺季

跨境电商平台的商品销售有淡季和旺季的区分，卖家应结合具体的时机选择合适的物流，以实现在商品顺利售出的同时，也给买家提供良好的购物体验。

一般来说，每年的 3—5 月、9—12 月是跨境电商的销售旺季。而剩下的 1—2 月、6—8 月处于旺季间的过渡期，是跨境电商销售的淡季。跨境电商销售旺季不仅会带来更多销量，时间延误、包裹丢失等问题的发生频率也会增加。这些问题带来的负面效应是很大的，可能会导致买家差评、跨境电商平台考核分数降低等。因此，在旺季来临之前，卖家需要做好物流规划，减少物流问题的发生。

一方面，在旺季到来之前，物流费用相对较低，卖家可以抓住时机进行合理备货，缓解旺季中的爆单压力。另一方面，卖家可以搭建多种物流渠道，采用多样化的物流方案，增加抗风险能力。此外，卖家也需要对几种常见的物流模式进行分析，综合考虑各种物流模式的时效性，从而做出科学的选择。

1．邮政包裹模式

邮政包裹的优势是网络覆盖面广泛，已实现全球覆盖；不足是运输时间长，丢包率、破损率比较高。这种物流方式在旺季很难与巨大的订单量相匹配，所以在跨境电商销售旺季时，邮政包裹不是一个很好的选择。

2．国际快递模式

四大国际快递公司拥有自建的全球快递网络，时效性比较强，丢件率也很低，服务质量高，费用也较高。此种跨境物流方式适合一些资金充足的卖家，旺季淡季均可使用。

3．国内快递模式

国内快递模式的优势是速度快、成本低；不足之处是所覆盖的海外市场比较有限。在国内快递可以覆盖到的东南亚、欧美等地区，卖家在旺季时选择国内快递发货是一个不错的选择。

4．专线物流模式

专线物流模式的优势是可以实现点对点的运输；不足是发货时间不确定，货满才发货，因此不能很好地满足卖家对于商品时效性的要求。卖家可以在淡季时通过专线物流模式备货；或者在货源充足的情况下，旺季时也可以考虑使用专线物流模式。

5．海外仓储模式

批量海运配合海外仓储模式是性价比最高的模式。这种模式不但比专线便宜一半，还可以保证买家在下单后 3 到 7 天内收到货的良好体验。即使卖家与买家有时差，海外仓储依旧能够通过自动化，有效地完成多平台配送服务。海外仓储模式能很好地避免物流旺季爆仓的问题。海外仓储在淡季时可用于备货，旺季时可用于销售。对于跨境电商卖家而言，海外仓储无论在旺季还是淡季都是一个不错的选择。

7.2.4 挑选跨境物流服务商的四大要素

怎样选择出优质的物流服务商？卖家需要注意以下 4 个要素，如图 7-4 所示。

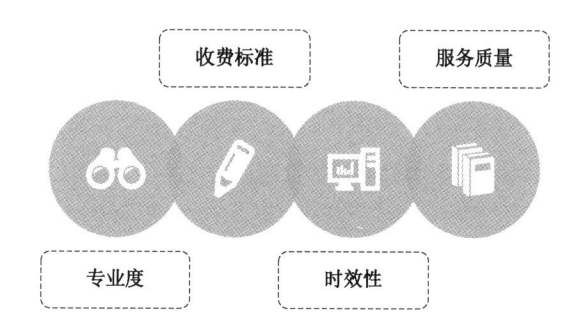

图 7-4 挑选物流服务商的 4 个要素

1．专业度

专业度是衡量物流服务商物流能力的重要方面。对于物流服务商而言，仓储、运输、配送等环节的衔接和管理都能体现其专业度。另外，运输过程中出现问题的解决能力也是评价物流服务商专业度的重要指标。

2．收费标准

物流服务商的收费标准是对其进行评价的基本指标，在提供的物流服务相差无几的情况下，卖家应按实际情况计算费用，避免因合同里的实施细则导致产生额外费用，如产品体积大、不同地址的最低收费、尺寸等级加收等。

3．时效性

物流运输必须注重时效性，如果物流服务商的运输速度太慢，会提高卖家的时间成本，对店铺经营造成不良影响。同时，如果卖家销售的是鲜花、蛋糕等保质期较短的商品，更要重视物流的时效性，以便保证商品的品质。在需要时效的情况下，卖家可以选择有赔偿的保证时效服务。

4．服务质量

卖家需要对物流服务商的服务质量进行评估。物流是一项较为复杂的工作，除了保证商品运输的安全性和时效性外，物流服务商还需要提供其他服务，如保证物流全流程可追溯、提供运单追踪服务等。这些服务也是卖家评估物流供应商的重要指标。

卖家要从专业度、收费标准、时效性、服务质量4个要素出发，分析物流服务商的综合实力，从中挑选出优质的物流服务商。

7.3 海关清关

清关是指在商品出口跨境运输时，卖家先向海关进行申报，完成相关手续之后才可以提走货物的流程。海关清关是跨境电商卖家需要关注的重点运输环节。

7.3.1 各海关清关要求

跨境电商卖家运往海外的商品要经历清关后才能到达买家手中。商品在清关期间会一直处在海关监管之下，无法自在流转。要想实现商品快速清关，卖家就需要了解各国海关清关的不同要求。以下是几个常见国家的海关清关要求。

1．俄罗斯

俄罗斯只有莫斯科和圣彼得堡有包裹服务，并且要求发件人和收件人都必须为公司。如果发件人或收件人为个人，快件则会被海关直接退回。退回所产生的费用由发件人承担。

2．巴西

巴西海关要求在提单上显示运费金额（使用美元或欧元显示）和收货人的联系方式。同时，收货人必须是在当地海关进行登记注册的公司。此外，巴西海关会收取弃件费用。如果发件人在清关失败后选择弃件，就需支付相应的弃件费，否则巴西海关会安排到付退回。

3．乌克兰

乌克兰海关清关 48 小时内不收取费用，超过 48 小时则按天收取费用。乌克兰海关不接受弃件，若快件清关失败会安排退回，所产生的费用由发件人承担。

4．保加利亚

目的地为保加利亚的快件需随货附上 4 份正本发票。如果发票不正确，保加利亚海关会通知卖家重新邮寄正本发票。保加利亚海关不接受弃件，如果快件清关失败会安排到付退回。

一些国家的清关要求大致相同，以下进行了一些总结。

（1）需申报 AMS（automated manifest system，自动舱单系统）的国家：美国、加拿大、墨西哥等；

（2）需申报 ENS（entry summary declaration，舱单报关单）的国家：欧盟成员国；

（3）木制包装需做熏蒸的国家：美国、加拿大、马来西亚、菲律宾等；

（4）需要做产地证的国家：加拿大、卡塔尔、沙特、埃及等。

总之，不同的国家在海关清关方面有不同的要求。卖家需要了解每个国家的海关清关细节，才能够实现顺利清关。

7.3.2 如何应对海关扣关

海关扣关指的是货物被进口国海关扣留，导致卖家无法收到货物。这种情况会损害卖家利益，因此卖家需要谨慎应对海关扣关问题。

通常而言，海关扣关涉及的原因包括但不限于以下几点：

（1）进出口国限制商品的进出口；

（2）关税过高，物流服务商不愿清关；

（3）商品是假冒伪劣或者违禁商品，被进出口国海关销毁；

（4）商品申报价值与实际价值不符，导致物流服务商必须在进出口国支付处罚金；

（5）卖家或物流服务商无法出具进出口国需要的文件。

面对这些情况，卖家应该如何应对海关扣关？主要有以下几种方法，如图7-5所示。

1. 确认收件人姓名
2. 确认海关申报单
3. 及时关注物流情况
4. 选择靠谱的物流方式和物流服务商

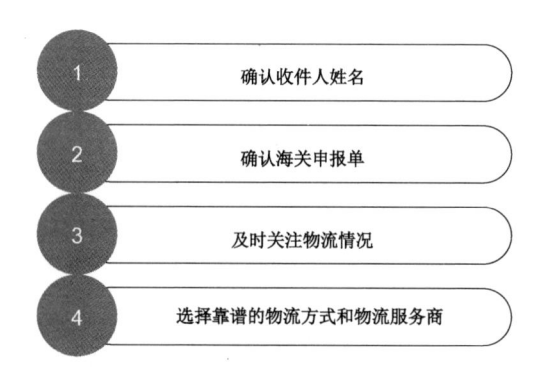

图7-5 卖家应对海关扣关的方法

1．确认收件人姓名

卖家第一步要做的是确认收件人的姓名,看这个姓名是不是全名。以俄罗斯为例,全名应该包括名、父称、姓。如果买家当初留下的并不是全名,那么卖家就应该及时联系买家,让对方提供一个真实的全名。

当然,卖家也应该告知买家,物流服务商稍后也会联系他,并会再次让他提供一个真实的全名。这样做的目的是保证清关的顺利,因为物流服务商会在订单创建以后,提前联系买家确认相关信息。

2．确认海关申报单

如果收件人姓名没有问题,那么卖家就要确认海关申报单。通常来说,海关申报单必须符合要求,需要根据不同国家的要求进行制定和填写。下面以速卖通EMS海关申报单要求为例进行详细说明。速卖通EMS海关申报单的要求具体包括以下几点。

(1)商品类EMS邮件应在详情单CN22栏目内和CN23报关单相关栏目内清楚、详细地填写与商品有关的信息(例如,"3双运动鞋""2件呢子大衣""5件牛仔短裤"等)。

(2)正确、合理地进行速卖通EMS海关申报价值,清楚、详细地填写在邮件五联单、海关申报单、商业发票上,而且申报价值必须一致。

(3)非个人邮递的商品、样品、广告品、礼品需要提交形式发票。此外,形式发票的内容应该包括收件人姓名及电话号码、寄件人姓名及电话号码、寄件地址、收件地址、物品相关信息(名称、数量、价值、产地等)。

3．及时关注物流情况

在商品发出以后,卖家必须时刻关注物流情况,并在出现异常的时候尽快与买家和物流服务商取得联系。这样卖家就可以在第一时间了解海关扣关原因,然后有针对性地提供相关文件及证据。

4．选择靠谱的物流方式和物流服务商

卖家需要选择靠谱的物流方式和物流服务商。虽然有些物流服务商收费比较高，但清关能力非常强，可以为卖家提供强有力的保障。

下 篇

跨境电商平台篇

第8章

亚马逊：以品牌为主导的跨境电商平台

亚马逊成立于1994年，是全球最大的电商平台。其销售商品涵盖了图书、音像制品、电子产品、食品、化妆品等诸多类目。亚马逊以其规模、流量优势，吸引了数以万计的卖家入驻。其中的卖家既包括海量的全球知名品牌，也包括很多新品牌和小品牌。在长久的发展中，亚马逊成为品牌聚集的主要阵地。

8.1 亚马逊详细介绍

在入驻亚马逊之前，卖家需要了解亚马逊的费用、规则、账户注册方法。

8.1.1 亚马逊的费用

亚马逊在不同国家的收费标准不同。以下以美国亚马逊为例进行讲述。美国亚马逊测量单位为英寸、立方尺、盎司和美磅等英制单位。以下是常用的公制单位与英制单位转换，如表 8-1 所示。

表 8-1 公制单位与英制单位转换表

公制单位		英制单位	
厘米	1	英寸	0.3 937 008
立方米	1	立方尺	35.3 147 248
千克	1	盎司	35.2 739 619
千克	1	美磅	2.2 046 226

亚马逊提供两种销售计划，即"个人计划"和"专业计划"，供卖家灵活选择。卖家可以只销售一款商品，也可以同时销售数千款商品。在开始注册亚马逊账户之前，卖家需要确定哪种计划更适合自己的业务。同时，无论卖家选择哪种计划，都可以随时进行更改。

根据个人计划，每销售一件商品，卖家需支付 0.99 美元；而根据专业计划，无论卖家销售多少商品，只需支付月服务费 39.99 美元。如果卖家每月销售的商品超过 40 件，则选择专业计划更加合适。

此外，亚马逊也会收取销售商品的佣金。一般按商品类别和单价收取 12% 到 17%。在商家自配送模式下，亚马逊也会收取物流佣金，一般最低收费为 0.30 美元。

大部分的亚马逊卖家都会用亚马逊物流配送（FBA）服务。FBA 服务十分方便，并且价格也十分具有竞争优势。FBA 的服务以产品尺寸分等级，不同的等级有不同的质量单价。以下是 2023 年 3 月份的价目表，如表 8-2 所示。

表 8-2 FBA 服务价目表

尺寸分段	最大尺寸	发货质量	配送费用
小号标准尺寸	15 英寸×12 英寸×0.75 英寸	不超过 4 盎司	3.22 美元
		4 至 8 盎司（不含 4 盎司）	3.40 美元
		8 至 12 盎司（不含 8 盎司）	3.58 美元
		12 至 16 盎司（不含 12 盎司）	3.77 美元

续表

尺寸分段	最大尺寸	发货质量	配送费用
大号标准尺寸	18 英寸×14 英寸×8 英寸	不超过 4 盎司	3.86 美元
		4 至 8 盎司（不含 4 盎司）	4.08 美元
		8 至 12 盎司（不含 8 盎司）	4.24 美元
		12 至 16 盎司（不含 12 盎司）	4.75 美元
		1 至 1.5 磅（不含 1 磅）	5.40 美元
		1.5 至 2 磅（不含 1.5 磅）	5.69 美元
		2 至 2.5 磅（不含 2 磅）	6.10 美元
		2.5 至 3 磅（不含 2.5 磅）	6.39 美元
		3 至 20 磅（不含 3 磅）	7.17 美元+ 0.16 美元/半磅（超出首重 3 磅的部分）
小号大件	60 英寸×30 英寸	不超过 70 磅	9.73 美元+0.42 美元/磅（超出首重 1 磅的部分）
中号大件	108 英寸（最长边）	不超过 150 磅	19.05 美元+0.42 美元/磅（超出首重 1 磅的部分）
大号大件	108 英寸（最长边）	不超过 150 磅	89.98 美元+0.83 美元/磅（超出首重 90 磅的部分）
特殊大件	超过 108 英寸（最长边）	超过 150 磅	158.49 美元+0.83 美元/磅（超出首重 90 磅的部分）

当然，危险品、服装等商品会有额外的收费。

此外，亚马逊仓库也有仓储费。以下是截至 2023 年 3 月，亚马逊适用于大部分商品的仓储价目表，如表 8-3 所示。

表 8-3 亚马逊适用于大部分商品的仓储价目表

月份	标准尺寸	大件
1—9 月	每立方英尺 0.87 美元	每立方英尺 0.56 美元
10—12 月	每立方英尺 2.40 美元	每立方英尺 1.40 美元
平均每个月	每立方英尺 1.25 美元	每立方英尺 0.77 美元

在不同国家，亚马逊的实际收费标准可以去相关亚马逊国家的官网搜索。

8.1.2 亚马逊的规则

亚马逊规则可以总结为"亚马逊要求卖家在亚马逊商城遵循公平、诚实的行事原则,以确保用户有安全的购买和销售体验"。

根据《亚马逊卖家行为准则》,所有卖家都必须遵循以下准则:

(1)始终向亚马逊和买家提供准确的信息;

(2)公平行事,且不得滥用亚马逊的功能或服务;

(3)不得试图损害其他卖家及其商品/评分或加以滥用;

(4)不得试图影响买家评分、反馈或评论;

(5)不得发送未经请求或不恰当的沟通信息;

(6)只通过卖家与卖家消息服务联系买家;

(7)不得试图绕过亚马逊销售流程;

(8)在没有合理业务需求情况下,不得在亚马逊商城经营多个卖家账户;

(9)不得做出违反价格固定法律的行为。

如果卖家违反亚马逊的卖家行为准则或其他亚马逊政策,亚马逊就会对卖家账户采取相应措施,例如下架商品、暂停或没收付款、撤销销售权限等。

8.1.3 亚马逊账户注册方法

亚马逊店铺注册相对比较简单,并接受多国(或区域)注册企业。包含我国在内,亚马逊目前共开放 18 个国家的站点,配送范围覆盖 200 多个国家。

在注册亚马逊账户之前,卖家最好提前开通一个电商收外汇的账户。一般这类别企业在国内需要《支付业务许可证》《跨境人民币结算业务批复》和《支付机构海外业务登记》等执照。现在美国亚马逊能接受中国境内银行的外汇账户,但汇损比较大。

亚马逊官网对开账户的资料需求如下：

（1）公司营业执照的彩色扫描件（距离过期日期应超过 45 天）；

（2）法人身份证彩色扫描件（未过期）；

（3）Visa 或 Master 信用卡，并开通销售国币种；

（4）联系方式（邮箱和手机）；

（5）用于接收付款的银行账户。

亚马逊账户可以通过亚马逊的招商经理或卖家平台（https://gs.amazon.cn）进行注册。据亚马逊美国站官网，主要步骤如下：

（1）填写姓名、邮箱地址、密码，创建新用户（邮箱地址可以用 Hotmail，尽量不用 QQ 邮箱、360 邮箱等国内邮箱）；

（2）验证邮箱；

（3）填写公司所在地、业务类型、名称（地址尽量与信用卡一致，并设为联系地址）；

（4）填写公司详细信息，进行电话/短信认证验证；

（5）填写法人及受益人信息；

（6）填写信用卡卡号、有效期、持卡人姓名、账单地址；

（7）填写收款账户的金融机构名称、收款账户所在国家/地区、账户持有人姓名、9 位数的银行识别代码和银行账户等；

（8）进行身份证验证并完成验证；

（9）进行美国站税务审核（一般就说海外公司）；

（10）填写站点存款方式（收款账户一般用第三方收款账户）。

其他国家，比如欧洲国家需要 EORI（economic operators registration and identification，欧盟运营商注册识别）和相关经营国家的 VAT（value-added tax，欧盟的一种税制）注册才可以。详细信息可以参考 https://gs.amazon.cn。

8.2 如何在亚马逊选品

选品是亚马逊店铺运营的重要环节。在选品过程中,卖家需要掌握科学的选品方法,了解亚马逊建议的选品逻辑、选品工具、选品限制和成本核算方法等。

8.2.1 独特的亚马逊选品方法

在选品环节,使用科学的选品方法对于卖家来说十分重要。在这方面,中山市致扬企业策划管理有限公司推出了一个"选品漏斗"概念(如图8-1所示),可以帮助卖家理解选品流程。

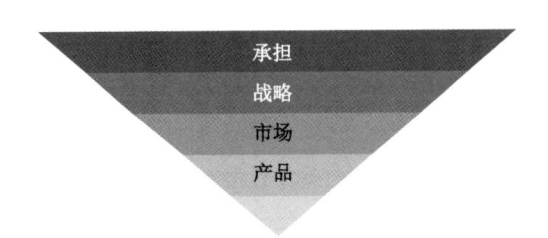

图8-1 "选品漏斗"概念

(1)承担:指选品团队的承受能力。其中,资金、资源、团队优势和团队弱势等因素直接影响选品团队的承受能力。选品团队也需要根据自己的承受能力,把不在自己承受范围内的商品直接筛掉。

(2)战略:指选品团队的经营方向和模式。选品团队需要从商品中筛掉不符合自身战略方向的商品。

（3）市场：指在以上的战略情况下，明确潜能客户群、潜能客户的痛点和风险评估点。

（4）产品：指把最能解决潜能客户的痛点和风险评估点的产品选择出来。

在测算某商品是否可做时，我们可以通过"致扬选品 5 大问题"来考核商品是否选对，如图 8-2 所示。

01 是否有足够市场

02 是否有足够利润

03 是否有足够资源和承担能力

04 是否符合兴趣或公司战略方向

05 商品销售路径是否清晰

图 8-2　致扬选品 5 大问题

1．是否有足够市场

卖家需要分析以下问题：销售此商品的市场够大吗？有足够的潜能客户对该商品有兴趣吗？畅销商品共有多少卖家和品牌？营业额分配情况如何？如果营业额分配情况比较均衡，则间接反映出市场的垄断性不高。

2．是否有足够利润

卖家需要分析以下问题：商品现在的市场价格有足够的利润空间吗？如果有足够的利润空间，也间接反映出市场的竞争力不大。

3．是否有足够资源和承担能力

卖家需要分析以下问题：自身运营的商品团队有足够的资金吗？有足够的资源满足供应链及商品的质量要求吗？可以轻松了解买家需求和需求的变动吗？

4. 是否符合兴趣或公司战略方向

在个人角度，卖家需要思考选品是否符合自己兴趣；在公司角度，卖家需要思考选品是否符合公司的战略方向。选品的方向深刻影响公司未来的发展。

5. 商品销售路径是否清晰

在商品销售方面，卖家可以借鉴 FABE 销售法则。

（1）F（feature）：特征。这个商品可以解决客户群哪些问题？

（2）A（advantage）：优势。在对比某类别的竞争对手的商品的情况下，商品的优势是什么？

（3）B（benefit）：益处。通过商品卖家可以获得哪些益处？使用商品的买家可以享受什么好处？

（4）E（evidence）：佐证。商品有什么证明可以满足买家对于信任的需求？如证书、认证、代言等。

在选品时，卖家需要考虑清楚以上每一点，在此基础上做出科学选品决策。

8.2.2　亚马逊建议的选品的逻辑

为了协助卖家选品，亚马逊开发了新工具并结合其他成熟卖家的选品方法，推出了一些选品意见。以下是亚马逊编制的《亚马逊选品指南》所提出的关于"如何进行选品分析"的建议。

1. 第一步：市场分析——是否进入目标选品

其中包括：海外市场容量及增长潜力；类目竞争情况分析力；领先品牌市场；产品上新速度及新品活跃度；类目准入门槛。

2．第二步：产品分析——找到可以挖掘的产品机会点

其中包括：产品生命周期；新品销售贡献；新款爆品趋势；产品季节性及销量节奏；消费者画像；购物者行为分析；热卖产品参数，如功能、尺寸、颜色；产品定位策略。

3．第三步：定价分析——确定最优价格策略

其中包括：产品价格带分布；新品价格带分布；价格带动态趋势变化；头部品牌定价策略；不同价格带转化率对比；不同价格带下产品利润状况模拟。

4．第四步：运营要点——新品打造

其中包括：新品上市时间节点；商品详情页（listing）创建要点；退货率分析和预案；销售预估及备货数量。

8.2.3 亚马逊自带工具及第三方工具

亚马逊平台中有很多工具方便卖家去选品。其中，部分工具是亚马逊研发的，部分工具是第三方提供的付费工具。

1．商机探测器

商机探测器是亚马逊提供的免费选品工具。此工具可以用来解决以下问题：

（1）如何寻找潜力细分市场，挖掘新选品？

（2）确定选品后，如何制定新产品上新及促销节奏？

（3）如何巧用热门搜索词，优化站内流量？

商机探测器的优势主要体现在以下两个方面。

第一，从细分市场搜索词入手，帮助卖家挖掘未被满足的买家需求。商机探测器将细分市场中买家的消费需求和实际购买情况联系在一起，帮助卖家凭借亚

马逊大数据高效选品。商机探测器提供了多样的细分市场,便于卖家对细分市场进行分析,了解存在较大买家需求的商品是否符合自己的业务。卖家可以通过按分类浏览细分市场、搜索细分市场、使用示例细分市场三种方式访问细分市场。

第二,通过多维数据体系帮助卖家全方位了解商品信息,实现新品快速开发。同时,商机探测器可以展示搜索量、商品数量、搜索转化率等数据,帮助卖家了解选品趋势。

2. 选品指南针

选品指南针可以帮助卖家制定完善的选品方案,探索全球扩张的有利机会。基于卖家在亚马逊已有的商品类目,选品指南针会有针对性地为卖家推荐适合拓展的站点,并为卖家分析不同站点的高需求商品。选品指南针的优势如下。

(1)智能算法:采用先进的数据分析及人工智能算法;

(2)预判需求:根据超过 600 个数据维度提供选品预测,可以预判商品的未来需求;

(3)机会分数:以机会分数表示商品的需求高低;

(4)需求推荐:每周更新商品需求推荐,精准把握买家的需求波动。

3. 热门搜索词

热门搜索词是亚马逊向有品牌备案的卖家提供的免费工具。其可以显示每个搜索词对应的排名前 3 的关键词和对应的点击量,如排名前 3 的商品及其点击量、排名前 3 的类别及其点击量、排名前 3 的品牌及其点击量。卖家可以通过此工具寻找最近高搜索量的关键词,通过点击量排名前 3 的商品了解买家的需求。

4. Jungle Scout

Jungle Scout 是一个成熟的第三方一站式选品运营决策工具。其通过大数据测算商品的销量和营业额来协助卖家选品。Jungle Scout 的功能如下。

(1)估算商品的月和天销量、月营业额、亚马逊的佣金扣费和 FBA 费用、listing

质量分数和历史数据等。

（2）估计当页的平均销量、排名、单价、评论数量和机会分数。

（3）按筛选要求寻找商品。

8.2.4 亚马逊对商品的限制

亚马逊并不适合所有类别的商品。卖家要注意平台是否适合销售自己选的商品。亚马逊的合规政策如下。

（1）商品安全政策：亚马逊平台提供"合规性自我评估"的免费工具。卖家可以借助这一工具按 HS 编码（harmonized system，海关编码）了解符合亚马逊销售的"商品合规性"。

（2）贸易合规性：除了以上的"商品合规性"，"合规性自我评估"工具也会展示危险品合规性、出口贸易合规性、进口贸易合规性等信息，方便卖家了解。

（3）站点可售品类（以美国为例）：亚马逊对卖家开放的品类达 20 多种，销售这些品类的商品无须获得亚马逊的事先审批。同时，一些品类只允许发布新商品；一些品类对商品质量有附加要求，需要卖家遵守。此外，也有一些品类的商品需要卖家在获得批准后才能够进行销售。

（4）亚马逊物流危险品政策：在亚马逊可以销售的商品，不一定可以通过亚马逊物流来配送。卖家可以通过《FBA 危险品政策》查看自己选的商品是否可以用 FBA 配送。

8.2.5 选品后的成本核算

选品之后就需要做成本核算。成本核算是一个非常重要的环节。对于卖家来说，跨境电商业务的成本主要包括以下几个方面：

（1）采购商品；

（2）亚马逊佣金；

（3）头程运费：由工厂到海外仓（含亚马逊仓库）；

（4）尾程运费：仓存和由海外仓（含亚马逊仓库）到买家手上；

（5）团队提成：按销售业绩计算给团队的激励；

（6）主营业务税金：商品开票的税金。

此外，卖家还需要支付一些固定成本，即组织和管理企业生产经营、筹集生产经营所需资金及销售商品等发生的各项费用。这些费用一般分摊在销售的商品里。这些固定成本包含以下几项：

（1）工资（底薪）；

（2）宣传费用：广告、亚马逊促销费用、样板；

（3）租金、水费、电费、通信费（网络）；

（4）平台月费。

从营销的角度来看，早期宣传费用的投入比较大，但在成功获得更多的自然流量和营销广告不断优化之后，宣传的效率会提升，宣传费用占总成本的比例会降低。在早期将宣传成本分摊至每一个产品没有意义。

在进行成本核算时，卖家可以以竞争对手的成本为主要参考标准，寻找能够降低成本的突破点。实际上，很多成本会因经营规模扩大而得以降低。

8.3 创建商品详情页

商品详情页是对商品的具体展示及详细介绍，由于消费者无法实际接触到商品，因此他们只能通过商品详情页了解商品信息。商品详情页是影响消费者最终是否购买商品的关键因素。如果商品详情页展示的信息不完整或不正确，那么消费者可能无法对商品建立正确的认知，从而选择购买别家的商品，商品的销量会受到极大的影响。下面将以消费者的购买决策为切入点，详解如何创建高质量的商品详情页，提高消费者转化率和商品销量。

8.3.1 亚马逊分配流量的方法

亚马逊在 2023 年的卖家峰会上发布了亚马逊流量地图，首次公开披露了亚马逊分配流量的逻辑，客观、详细地展示了亚马逊的流量动线。

卖家在亚马逊中获得的流量来自哪里呢？想要解决这一问题，卖家首先要知道亚马逊流量公式：销售额=商品详情页浏览数×转化率×单价×购买数量。

从引流的角度来看，亚马逊的流量包含两部分，分别是站外流量（包含自建站流量、搜索引擎流量、来自亚马逊广告合作伙伴和社交媒体的流量）和站内流量（包含自然流量，广告流量，促销工具流量，亚马逊大促销活动流量，来自自然排名、产品推荐、评论和标识等的流量）。亚马逊是全球最大的电商平台，拥有 1.5 亿会员，有效获取站内流量是成功的亚马逊卖家应该必备的技能。

亚马逊站内有 9 个引流推广的入口，分别是：

（1）品牌推广；

（2）商品推广；

（3）优惠券领取；

（4）秒杀活动；

（5）品牌推广视频；

（6）商品详情页；

（7）品牌名（点击可进入品牌店铺）；

（8）相关商品推荐；

（9）展示型广告。

亚马逊通过关键词和商品标题的匹配给卖家分配流量。卖家需要先设置合适的关键词和商品标题，亚马逊系统会按照销售热度或排名把卖家的商品展示在搜索结果页或卖家指定的商品页面。亚马逊有一个广告自动投放功能，根据系统算法自动展示卖家的商品广告，并为商品匹配对应的关键词和产品类目。

8.3.2 制作商品详情页的原则

商品详情页也可称作商品展示页。对于亚马逊卖家来说，商品详情页是最直观展示商品的入口；对于消费者来说，商品详情页是其了解商品信息的最佳途径。每一款商品上传成功后，就会生成一个独立的商品详情页。

商品详情页由分类节点、图片、商品描述、标题、搜索关键词、商品要点、A+/高级 A+（商品图文详情）、品牌名称 8 个基本要素及其他要素组成。一个高质量的商品详情页能帮助卖家提升销量。

商品详情页主要的功能有以下两个。

（1）流量引入。通过制作商品详情页，卖家能够从亚马逊流量系统中获取广告流量或自然流量。简单来说，商品详情页会影响亚马逊给买家推送的搜索结果。基于卖家的历史销售数据和亚马逊算法机制，亚马逊会更准确地将卖家的商品推送给有需要和购买概率大的人群。

（2）将浏览量转化为订单。卖家在商品详情页中展示的商品卖点一定要击中买家的痛点（想要购买商品的理由），规避风险评估点（不购买商品的理由），从而更好地说服潜在买家尽快下单。

亚马逊中的消费者购买决策路径如图 8-3 所示。

想要制作出高质量的商品详情页，卖家应该遵守以下原则。

（1）商品详情页要符合亚马逊的要求和规则。

（2）准确用词。因为亚马逊的匹配系统的智能程度有限，除了复词外，其他同义词或不同语法的词都会被识别为不同的词。例如，亚马逊的匹配系统将 run

和 running 视为不同的词。

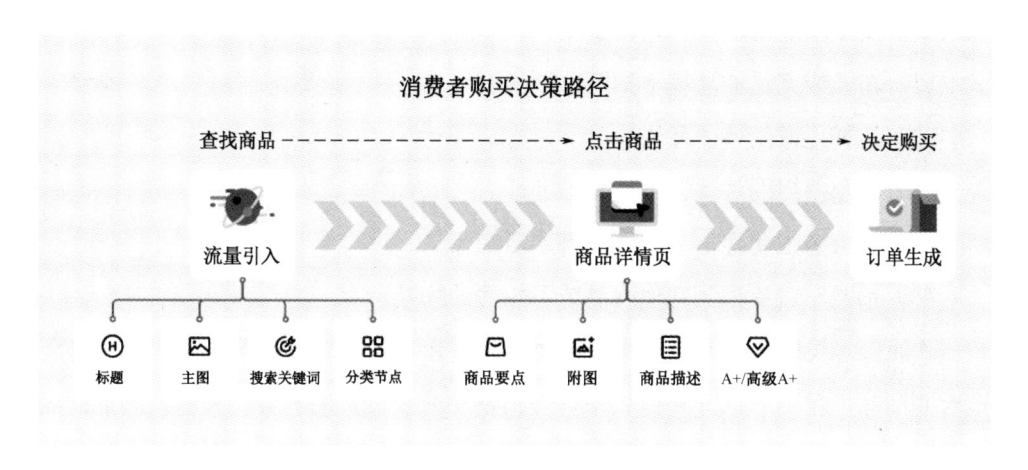

图 8-3 亚马逊中的消费者购买决策路径

（3）标题（或产品名称）中应该包含流量大、匹配度高（客户购买的概率大）的词，并尽量包含品牌名称、产品名称、产品用途、特殊功能、适用场景、适用人群和套装信息等。

（4）应该列出 5 个最有说服力的卖点，包含商品的用途、商品与竞品的优劣势对比、商品能给买家带来的好处和相关的佐证等。

（5）列出的 5 个卖点的关键词应该与标题中的词有重复，以强化商品的核心特征和优势。

（6）商品描述应包含 5 个卖点、产品规格和使用说明，并与标题有很高的重复度。

8.3.3　注重图片、A+页面和视频

图片、A+页面（图文版商品详情页面）和视频对提升消费者点击量和转化率都有关键性作用。

如果商品详情页中的图片、A+页面和视频有良好的视觉效果，则可以帮助买

家在做出购买决策前更细致地了解商品。想要使商品详情页中的图片有出色的视觉效果，卖家应遵循以下规则拍摄图片：

（1）在光线充足的环境下拍照；

（2）选择色调简单的背景；

（3）避免使用图片滤镜；

（4）拍摄多张图片，从不同角度展示商品；

（5）拍照时避免拍到其他商品或不相关的物品。

卖家应尽可能在商品详情页中添加商品展示视频，这样能够帮助买家更直观地看到商品。精美的图片和视频是提高销量和减少退货的利器。大多数网上商城（包括亚马逊）都对商品图片展示制定规范。

在图片方面，亚马逊允许卖家在商品详情页中上传9张图片，包含1张主图、多张不同角度的商品辅图。如果商品有变体，也可以展示变体商品的图片。以下是亚马逊对上传的图片的要求。

（1）图片必须准确展示待售商品。

（2）图片必须与商品名称相符。

（3）商品形象必须占据图片区域中85%或以上的面积。

（4）图片要在详情页面达到最佳缩放效果，图片最长边的分辨率最好不小于1 600像素。图片具有缩放功能，有助于提高销量。如果卖家的商品图片无法满足分辨率要求，那么可进行缩放的图片的最长边的分辨率至少为1 000像素，而用于网站展示的图片的最长边的分辨率至少为500像素。

（5）图片最长边的分辨率不得超过10 000像素。

（6）图片的格式必须是 JPEG（.jpg 或.jpeg）、TIFF（.tif）、PNG（.png）或 GIF（.gif）。首选的图片格式为 JPEG。亚马逊的服务器不支持.gif 格式的动图。

（7）图片没有进行像素化处理，没有锯齿边缘，清晰度很高。

（8）图片中不得有裸体，图片内容不能有性暗示意味。婴幼儿和儿童的紧身衣、内衣和泳衣不得借助人体模特展示。

（9）图片中不能有任何亚马逊徽标或商标及其变体，以及任何其他的容易让人混淆的与亚马逊徽标或商标相似的内容，包括但不限于所有含有 AMAZON、ALEXA、PRIME、Amazon Smile 设计的文字或徽标。

（10）图片中不能有亚马逊商城使用的标记及其变体，以及容易让人混淆的与标记相似的内容，包括但不限于"Amazon's Choice""优质的选择""Amazon Alexa""与 Amazon Alexa 合作""畅销商品"或"热卖商品"。

此外，亚马逊对主图有额外的要求。

（1）主图片的背景必须是纯白色，RGB 色值为 255、255、255。因为纯白色的主图片可以更好地与亚马逊搜索页面和商品详情页面融为一体。

（2）主图片必须是运用专业手法拍摄实际商品形成的图片，而不能是插图、实物模型图、图形、占位图。在主图片中不能展示与实际商品无关的配件，也不能展示任何可能令买家产生困惑的道具。

（3）在主图片中，商品的上方或图片背景中不能有徽标、水印、边框、文字或其他图形。

（4）主图片不能对单个商品进行多角度展示，即主图片不是多角度视图。

（5）主图片必须能够完整地展示商品，图片中的商品不能紧贴图片框边缘或者被图片框边缘遮挡，珠宝首饰除外。

（6）主图片中展示的商品不得带有外包装，除非包装盒、包装袋是重要的商品特征，否则不应该在图片中展示出来。

（7）主图片中展示商品的人体模特的姿态不能是跪姿、躺卧姿、靠姿或坐姿等，但可以运用一些辅助工具，如轮椅、修复器等，展示各种物理移动设备。

（8）套装服装商品或套装配饰的主图片必须是平面拍摄的，而不是模特展示图。

（9）无论人体模型的外观是透明、纯色、肉色，还是框架或衣架，服装配饰类商品的主图片中都不能包含人体模型的任何部位。

（10）女装和男装商品的主图片必须展示真人模特将商品穿在身上的模样。

（11）婴幼儿和儿童服装的所有商品展示图片都必须是平面拍摄的，而不是由模特穿在身上展示。

（12）鞋靴类商品在主图片中必须以单只的形式展示，且应呈 45°角朝左边摆放。

卖家可以通过调研竞争对手，特别是商品畅销的竞争对手的商品展示图片的情况，优化自己的商品展示图片。

商品详情页中的图片主要有以下几类。

（1）主图。一般是白色背景的产品展示图。

（2）场景图。用于介绍商品适用于什么场景、情形、人群。

（3）特征图。主要用于突出展示商品的特点。

（4）教导图。展示商品的使用方法，应简洁明了、步骤清晰，让买家感觉到商品简单易用。

（5）数据参数图。详细讲解商品的技术参数、制作工艺、面料等。

（6）对比图。和其他同类商品进行对比，凸显自己商品的优势。

（7）效果图。展示商品在具体场景中的使用效果，特别是服饰类商品，应体现穿在身上的良好效果。

此外，卖家可以巧妙利用图片的排序，打造一个令买家感动、促使买家购买商品的故事。

A+页面或A+商品描述主要供品牌所有者使用。如果卖家想要将亚马逊商品编码（ASIN）添加到 A+商品描述中，就必须是专业卖家，并已通过"亚马逊品牌备案"流程注册为该 ASIN 的品牌所有者。

在商品详情页添加 A+商品描述有以下优点。

（1）提高转化率，增加销售额。

（2）通过突出显示商品特征减少负面评论。

（3）搭配广告、促销活动或优惠券，能够提高商品被搜索到的概率。

A+商品描述通过更详细地展示商品信息，有助于促使买家尽快做出购买决定，并降低商品退货概率。

视频是一个重要的推广工具。在商品详情页中插入视频可以全方位、多角度展示商品，也可以形成更有效的广告宣传，提升销售转化率。除了硬性的社区准则外，亚马逊对视频还做出了以下规定。

（1）视频必须具有描述性、展示性，以商品为中心。

具体来说，视频的描述性是指视频内容要能解答买家的一些疑问，例如，"这是一款什么产品？""它有哪些功能？""它的目标用户是哪些群体？""它与其他商品的区别是什么？"卖家还可以借助视频描述商品的大小、质量，或者商品的使用、清洁、储存或组装的难易程度。这样买家在看过视频后，就能获知商品的独特之处。优质的视频能够预测并回答买家的问题，打消买家的疑虑，促使买家做出购买的决定。

视频的展示性是指，通过观看视频，买家能够了解商品的主要功能和价值主张。用视频展示商品的优势主要在于，买家可以看到商品的实际使用场景和效果。相比于文字或图片，视频能够更直观地展现商品的外观、材质、使用方法等信息。

视频的作用是帮助亚马逊买家了解商品，因此视频要以商品为中心，应重点介绍商品的独特功能、用途、材质、尺寸及特征。视频应始终以商品为中心，避免将买家引向其他网站或社交渠道，不断强化买家对商品的认知和认可度。

（2）简洁明了。

好的商品展示视频应切中要点，避免冗长的介绍和不必要的内容。一般来说，商品介绍视频的长度在1分钟之内较为合适，15~30秒最佳。

（3）真实可靠，值得信赖。

买家会捕捉与他们考虑购买的商品相关的事实信息，因此视频应该真实可信，值得买家信赖。提供真实、准确且有根据的商品声明，有助于买家对商品产生信任。商品介绍视频应与商业广告有区别，不应只专注于品牌介绍，而应将重点放在具体的商品上。视频中人物讲解的声音与语气应该友善、真诚，令买家如沐春风。

（4）高质量。

视频的质量是决定买家观看体验和购买决策的关键。高质量的视频往往注重细节，例如，充足的照明、商品展示清晰直观、清晰的音频等，这些因素都是影响视频总体观看效果的关键。买家希望通过视频能够清楚地了解商品，而低质量的视频会影响买家对商品产生正确的认知。

（5）不要忽视视频标题和缩略图。

视频标题和缩略图中通常会有视频内容的提示，可以吸引买家观看视频。缩略图的尺寸较小，但是买家打开视频的入口，看到的缩略图应该醒目且有意义。如果缩略图中包含文本内容，那么卖家应确保文本内容可以清晰地被呈现出来。

（6）权利和侵权。

需要注意的是，卖家只能发布自己创作的或自己有权使用的视频，不得侵犯第三方的知识产权或其他产权。例如，除非卖家获得所有相关第三方的许可，否则不能在视频中插入版权属于第三方的音乐、图片、艺术作品或其他音像作品。如果视频中出现的服装、珠宝首饰或配饰属于第三方品牌，没有获得品牌所有者的许可，视频中的模特应避免穿戴。

图片、A+页面和视频对销售转化率有着直接影响。想要提升创建商品详情页的能力和技巧，卖家可以借鉴成功卖家和畅销商品的详情页创建经验，结合自己的实际所需和商品特征，打造出独具特色的商品详情页。

8.4 利用营销广告进行站内引流

任何一个企业的成功都离不开营销推广，在跨境电商领域更是如此。电商卖家在推销商品或服务时，需要借助电商平台的营销工具，使营销广告、营销活动得到大范围传播，促成更多交易。

8.4.1 为什么要打广告

买家在亚马逊网站中通过搜索商品关键词寻找所需商品时，出现在搜索结果醒目位置的相关品牌或商品，更有可能得到买家的关注，买家更有可能点击进入商品详情页，下单购买。使用亚马逊的搜索类广告，可以帮助卖家增加品牌或商品在目标买家面前曝光的机会。这些主动搜索商品的买家往往对商品有着很高的需求，因此下单购买的可能性更高。

新品或者新店更适合选择亚马逊搜索类广告。亚马逊搜索类广告具有以下优点。

（1）广触达：聚焦用户的停留时间。亚马逊搜索类广告提供的不仅是广告服务，还能建立买家和商品之间的连接与互动关系。

（2）强关联：买家需求洞察。亚马逊搜索类广告提供的服务可以让卖家深刻了解买家所需，"对症下药"，使商品优先呈现在买家面前。

（3）显成效：关键的衡量指标。从买家发现商品到购买商品，亚马逊广告为卖家提供买家购买决策路径的独特洞察。

8.4.2 广告对买家购买决策的影响

了解了亚马逊搜索类广告的优点之后，我们需要了解买家在亚马逊购买商品的决策是如何受广告的影响的，如图8-4所示。

广告的模式和位置不同，对买家决策的影响程度也不同。例如，视频广告的点击率比图文广告的高出很多，但视频广告的点击成本往往高于图文广告很多倍；相比于在首页展示广告，在其他页面展示广告的点击率较低。卖家应掌握广告营销技巧，实现广告营销效率最大化。

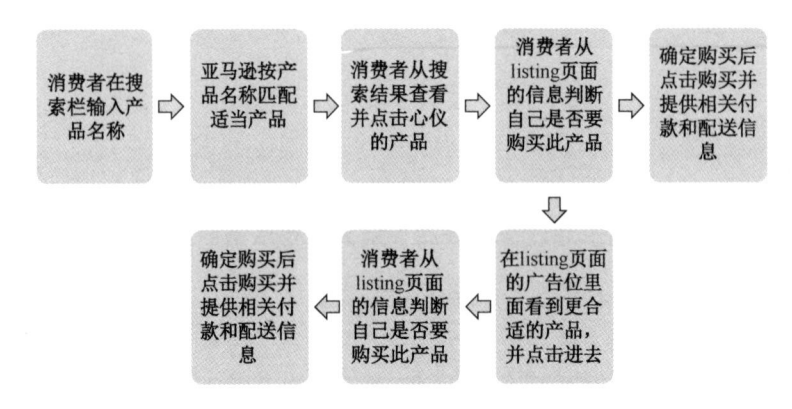

图 8-4　广告对买家购买决策的影响

8.4.3　亚马逊中的广告分类

在开始使用亚马逊广告之前，卖家首先需要了解搜索类广告的几种主要类型，以便选择最符合自己的推广目标的广告形式。以下是亚马逊搜索类广告的几种主要类型。

1. 商品推广广告

卖家可以通过在搜索结果和商品详情页上展示广告，来帮助买家了解自己的商品，激发买家购买，提升商品销售额。商品推广广告是亚马逊最基础的广告形式。

2. 品牌推广广告

品牌推广广告可以展示卖家的品牌 logo、自定义标题和商品。这类广告适合在搜索结果中展示，可以一次性展示多个商品，广告形式更加自由，能够提升品牌和商品的知名度。

3．展示型推广广告

展示型推广广告以受众群体为展示对象，是一种新型自助广告解决方案，无须最低预算。展示型推广广告能够吸引亚马逊站内及站外受众群，大幅提升卖家的业务量和交易额。

商品推广一般以点击付费模式运作。卖家可以设置自动（系统帮助卖家选择关键词和商品）或手动广告，买家搜索相关关键词或商品就会触发卖家的商品推广广告。

8.4.4 不同阶段的营销策略

卖家可以在亚马逊中采取的营销策略有很多，这意味着卖家可以通过不同的方法赚钱。在确定不同阶段的营销策略之前，卖家需要了解影响营销策略的因素。

（1）营销费用承担能力，即卖家所拥有的资金和资源等。

（2）产品生命周期及企业战略方针。营销贯穿产品的整个生命周期，在产品的不同生命周期，需要采取的营销策略也不同。企业的策略方针会影响营销策略，如果企业主打一款产品，那么营销的侧重点就应聚焦这款产品；如果企业有多款主推产品，那么可以采取组合营销或捆绑营销的方式，促进多款产品销量增长。

（3）商品、类目和行业。不同商品和行业有不同的特性，卖家的营销策略应有针对性。

根据产品生命周期，营销策略可以分为4个阶段。

1．起步阶段

在起步阶段，营销的目标主要是获得流量和更多订单，营销广告费用偏高，并且无法实现收支平衡。卖家可以参加 Amazon Vine 计划来获取高质量评论，进行口碑营销。卖家需要评估 listing 和关键词的效果并进行相应调整，巧妙应用首页位置和品牌视频广告，尽量通过开展短期优惠活动将排名提升到 100 以内。需要注意的是，卖家尽量不要降低单价，商品尽量不要断货，可以通过优惠券来吸引流量。营销策略的每个细微调整都需要记录下来并每天复盘，这一行为贯穿于整个营销过程。

2．成长阶段

在这一阶段，卖家店铺每天的订单稳定在 1～3 个。卖家可以考虑推出同类新品来拉动旧品销量，加大在不同的广告营销方式上的投入，例如，按时间段开启手动广告来获取更多效益。卖家可以适当摒弃消耗资源的广告关键词和商品，并注意 ACOS（广告销售成本比率）以使广告营销费用"花在刀刃上"。在成长阶段，卖家可以开展一些其他的推广活动，如秒杀活动。

3．成熟阶段

在成熟阶段，一个月的订单量能够达到 100。卖家可以推出新品，实现新品与旧品的关联，拉动旧品的销量。此外，卖家可以考虑拓展站外和其他平台的销售渠道，以提高品牌的知名度和品牌效益。

4．衰退阶段

在衰退阶段，卖家的商品与同类商品的竞争十分激烈，商品价格很有可能下调。卖家应采取不同的营销方法，尽量保持商品的排名。此外，在这一阶段，卖家要注重系统性拓展新品和新平台。

商品、所处类目和发展阶段不同，对应的营销策略也应不同，卖家应根据实际情况灵活调整营销策略。

8.5 运营优化和调整

跨境电商市场和商业环境永远处于变化中，因此亚马逊平台常常突然改变算法或规则。一些在跨境电商领域深耕多年的卖家会对这些变化特别敏感并快速采取措施。基于平台的变动，卖家在当初选品时做出的假设甚至数据也需要变动，商品详情页也需要进行相应调整。

8.5.1 商品详情页调整

亚马逊系统通过卖家编写的商品介绍文本给卖家提供流量。如果商品介绍文本对商品的描述不够精准，则亚马逊很难获知商品特性及商品适合什么群体使用等信息，卖家自然难以获得流量。

如果出现以下问题，则商品详情页需要更改甚至重写：

（1）自动广告的预算没有花费完，并且这种现象已经持续一段时间；

（2）自动广告所推荐的关键词和商品与卖家的商品没有关联性；

（3）用关键词软件监测竞争对手的关键词排名，发现与其存在很大的差距。

如果出现以上3种情况，卖家需要重新制作商品详情页。如果商品详情页中有严重差评或受到投诉，卖家可以考虑删除商品详情页，重新制作一个。

此外，如果卖家获取了很多流量但点击率不高，那么卖家就需要考虑商品详情页的吸引度。消费者在搜索结果中会看到以下内容：

（1）商品出现在搜索结果的第几页；

（2）商品主图；

（3）商品名称；

（4）商品价格；

（5）额外折扣、营销活动；

（6）星级评价（级别和数量）。

卖家可以仔细审查以上几个方面，了解影响买家点击的关键因素，做出有针对性的调整优化。

8.5.2　影响广告营销效果的3个指标

广告优化是大部分亚马逊卖家需要经常开展的工作，但这一项工作颇具难度。衡量广告营销效果的指标主要有以下3个。

（1）曝光率。曝光率=曝光量÷投放量×100%。曝光量是广告被买家看到的次数。

（2）点击率。点击率=点击广告次数÷广告曝光次数×100%。

（3）转化率。转化率=购买次数÷点击广告次数×100%。

1．曝光率

如果商品的曝光量不足，可能出于以下3个原因：

（1）买家对商品没需求；

（2）系统不了解卖家的商品，无法捕捉商品的特征；

（3）预算不足，投入的营销费用不够。

在解决曝光量不足的问题时，卖家可以自问：

（1）选择的商品是否有市场？

（2）是否开启自动广告（全开）、按建议竞价，或设置最少预算为每天5美元？

（3）产品名称是否包含70%流量热词？

（4）商品详情页中的要点是否与商品名称有很多重复点？

（5）商品描述是否与商品名称有很多重复点？

如果商品没有市场，建议卖家将商品低价卖出去。在衡量商品是否有市场时，卖家可以以畅销商品作为标杆。如果商品没有开启自动广告，卖家可以开启自动广告，并将预算设定为每天 100 美元，然后持续监测效果。如果短期内就产生效果，卖家就要尽快降低预算。

2．点击率

商品点击率不足的原因有以下 3 个：

（1）搜索结果没有吸引力；

（2）商品定位不精准；

（3）搜索结果与自己的商品没有关联。

在解决点击率不足的问题时，卖家可以自问：

（1）自己清楚商品最有吸引力的卖点是什么吗？

（2）关键词是否常用且能够准确描述商品？

（3）在搜索结果方面，自己的商品与竞品相比，是否有竞争力？

卖家需要关注商品图片、优惠措施（优惠券）和商品价格是否吸引买家注意，并进行适当调整。商品在搜索结果中的位置是否有优势。如若没有优势，卖家可以考虑增加营销费用，使商品处于搜索结果首页位置。

3．转化率

商品转化率不足的原因主要有两个：

（1）没有明显竞争能力；

（2）竞争对象的恶意"攻击"。

在解决转化率不足的问题时，卖家可以自问：

（1）自己的商品详情页与竞争对手的商品详情页是否有一样的观感、展示水平?与竞品对比,自己的商品的卖点是否更有吸引力?

(2)自己的商品详情页与畅销商品的详情页是否有一样的展示水平?

(3)竞品是否以品牌为主导?

(4)竞品是否以星级评价和评论数量为主导?

此外,卖家还需要关注自己的商品详情页是否有A+页面,如果没有,则转化率会降低。如果竞品是以品牌为主导,则卖家需要降低商品的价格。

第9章

阿里巴巴国际站——B2B领域的电商跨境平台

阿里巴巴国际站是阿里巴巴企业着手打造的第一个业务板块。现如今,阿里巴巴国际站已经成为B2B领域跨境电商发展的主要平台,也是跨境电商企业在拓展国际贸易方面的首选互联网平台。

9.1 拆解阿里巴巴国际站

很多卖家都想通过入驻阿里巴巴国际站来为自身创造更多价值和利益。本节从核心特点、多重优势、入驻条件和流程三个方面入手拆解阿里巴巴国际站的模式、特征和价值。

9.1.1　核心特点：跨境 B2B 模式

跨境 B2B 模式是阿里巴巴国际站的核心特点。对于很多传统跨境电商企业而言，跨境 B2B 模式是新鲜事物。在传统的贸易出口模式中，企业需要完成备案、海关数据对接、订单生成和发送等多个流程，需要制作报关单和订单两套资料，但在报关阶段经常出现报关单和订单不匹配的情况，导致影响订单时效。这对于跨境电商企业来说是一项巨大的挑战。

针对跨境电商企业的这一痛点，阿里巴巴国际站与电子口岸、跨境供应链与监管部门合作，借助自身科技力量，研发并推出阿里巴巴国际站跨境 B2B 新模式，为跨境电商企业提供数字化一站式问题解决方案。阿里巴巴国际站建立了 9710 智能报关系统，通过打通线上交易数据向海关发送报关订单，保障报关环节的全流程线上智能化、可视化，助力跨境电商企业通过新型报关模式通关。阿里巴巴国际站的智能报关系统为跨境电商企业提供了更加便捷的报关渠道，帮助企业节省了大量的制单和申报时间。

阿里巴巴国际站跨境 B2B 产品不仅能够帮助跨境电商企业沉淀线上数据，发掘更多商机，还让跨境电商企业能够享受到更多新业务的政策红利，抵御一定的交易风险。阿里巴巴致力于加快跨境电商新业态的蓬勃发展，促进跨境新业态模式在全国各大贸易企业迅速落地。

未来，阿里巴巴国际站计划将继续发挥跨境 B2B 模式的平台优势和技术优势，降低国际贸易门槛，加快跨境电商新生态和价值的重构，为跨境电商企业创造更广泛的价值。

9.1.2　多重优势：为卖家提供一站式服务

此前，阿里巴巴国际站相继推出了跨境收付款、跨境物流、信用保险等功能后,完善了跨境供应链服务的最后一个领域。这意味着阿里巴巴国际站在交易、交付和售后服务方面已经具备了全场景、全要素、全链路的数字化综合服务能力。

确定性物流服务一直是跨境电商企业的关键诉求。物流服务的不确定性给跨境电商企业带来了诸多麻烦。如果物流早到,跨境电商企业可能会产生更多的仓储费;如果物流晚到,跨境电商企业的订单又难以按时交付。

针对这一问题,阿里巴巴国际站推出"千商千服"的物流服务模式,竭力满足跨境 B2B 交易双方的需求。该模式围绕外贸订单从交易、交付到售后的全流程提供一站式数字化物流解决方案。其中就包括独立站 OKKI 的建立,OKKI 不仅为外贸企业提供建站服务,还从客源获取、营销转化、交付履约、合规运营四个维度构建跨境电商生意增长闭环,为跨境电商企业提供一体化跨境订单处理方案。

这种全流程的数字化服务使跨境电商企业能够及时接单、顺利发货、便捷收款,极大地提升了跨境贸易的订单处理效率,增强了从订单处理到货物运输全流程的确定性。

9.1.3 入驻条件+入驻流程

为了推动阿里巴巴国际站的规范、高效运营,阿里巴巴国际站制定了标准化的入驻条件和入驻流程,从而对想要入驻的企业进行精细化的筛选。

1. 入驻条件

(1)可以入驻:贸易企业、工厂企业、工贸企业、在大陆工商局注册过的实体企业、个体户或小规模企业。

(2)不可以入驻:物流企业、管理服务企业、认证检测企业、离岸企业和个人。

如果卖家想要入驻外贸市场,必须同时满足以下条件。

（1）卖家需要是阿里巴巴国际站的注册会员，并遵守外贸服务市场和阿里巴巴国际站的相关政策和协议。

（2）卖家需要具备完全民事权利，未侵犯过他人合法权益。

（3）卖家所经营的产品必须是外贸类产品，或者是有助于外贸企业发展的产品。

（4）卖家所经营产品需要符合市场规律和行政法规。

（5）卖家能够根据外贸服务市场需求，提供市场所需的申请资质材料。

2．入驻流程

如果是已经签订合同并收到款项的新签用户，需要根据卖家服务后台完成以下几个步骤。

（1）上传认证信息，完成认证。

（2）上传企业信息，通过审核。

（3）发布一款产品，通过审核。

（4）参与国际站规则考试，考试通过后选择网站开通时间。

要想顺利地入驻阿里巴巴国际站，卖家需要严格遵循以上入驻条件和入驻流程，以提升卖家的入驻效率，打通入驻渠道。

9.2 店铺精细化运营

阿里巴巴国际站取得的成绩离不开其对店铺的精细化运营。阿里巴巴在店铺运营中对店铺定位、优势、商品页、关键词、广告投放等都进行了详细规划，以形成科学、合理的运营策略支撑阿里巴巴国际站的发展。

9.2.1 明确店铺定位和店铺优势

明确店铺定位对于国际站的精细化运营至关重要，阿里巴巴在做国际站之前集合企业的发展战略和整体期望，整理了大量定位信息，对店铺定位进行了明确规划，从而找到了国际站运营的精细化方向。

店铺定位相当于店铺的核心方针之一，店铺定位能够更好地指明店铺的发展方向。店铺定位影响着店铺的市场地域属性、用户群体属性，同时也影响着店铺后期的发展策略和推广方向。店铺的定位需要与企业的整体战略目标保持一致，尽可能地提升企业的资源利用率。简单来说，阿里巴巴国际站做店铺定位就是为了在深入了解店铺特点后，规划店铺适合运营哪些商品，同时上架一些具备相关性的商品，商品不能过于杂乱。

明确店铺优势是创造自身竞争力的关键。首先，同行分析是阿里巴巴国际站精细化运营的必修课。明确店铺优势就是要找到同行业中运营比较好的店铺，研究那些店铺是怎么做的，包括关键词选择、店铺装修设计、商品详情页展示等。

其次，数据分析是帮助阿里巴巴国际站分析优势的重要环节。阿里巴巴国际站后台有具体的数据统计，包括商品曝光率、点击率、成交量、成交金额、反馈与评价等。这些数据都成为阿里巴巴国际站运营的重要指导，在数据分析中，哪些数据中存在问题，就将该数据提取出来思考解决方法，以改善阿里巴巴国际站的整体运营效果。

明确店铺定位和店铺优势能够帮助阿里巴巴国际站明确店铺运营的精细化方向，从而制定更加精细化的经营战略，帮助阿里巴巴国际站有效地降低经营风险。

9.2.2 商品页素材整理

商品页素材整理是阿里巴巴国际站精细化运营的关键，只有商品页的素材能够充分吸引用户，店铺运营才能获得更好的优化。

试想一下，一个商品页只是简单地堆砌几张照片，或者只有几句简单的基本介绍；另一个商品页对商品的特点、功能、使用过程、售后服务期限和模式、品牌故事等都做了重点介绍，卖家会选择购买哪款商品呢？相信大多数卖家都会被第二种商品页所吸引。因此，商品页的素材整理十分重要。阿里巴巴国际站店铺商品页主要的素材板块如图9-1所示。

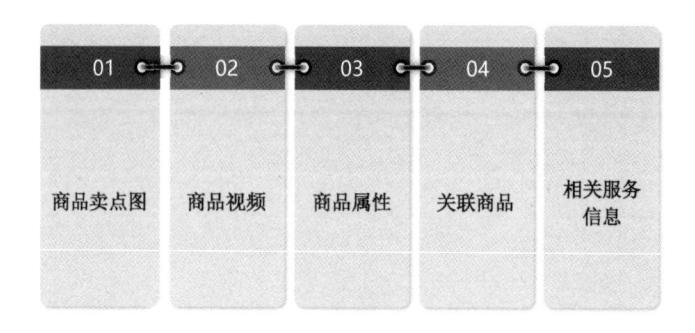

图9-1　阿里巴巴国际站店铺商品页主要的素材板块

1. 商品卖点图

商品卖点图就是商品页中的海报图。其一般展示在商品页的第一页，能够很好地展示商品的性能和特征。阿里巴巴国际站的商品卖点图比较清晰、直观，能够直接展现出商品的特色和亮点。同时，阿里巴巴国际站的商品卖点图比较美观，具有一定的视觉冲击力，能够很好地抓住买家眼球，吸引买家持续浏览。此外，阿里巴巴国际站的很多商品卖点图都植入了店铺的优惠活动和优惠券等信息。

2. 商品视频

阿里巴巴国际站的很多商品页都上传了商品展示或使用视频。商品视频往往能够更全面、立体地展现商品细节，帮助买家更轻松、准确地了解商品信息和细节。阿里巴巴国际站对商品页中的视频质量要求很高，其商品页的视频一般由专业的视频拍摄企业或软件制作而成，因此，阿里巴巴国际站商品页的视频往往比较清晰、稳定、富有美感。

3. 商品属性

阿里巴巴国际站的商品属性往往展现在商品页第一页的商品参数中，包括尺寸、材质、型号、产地、规格等。买家从商品页的参数中基本能够了解商品的基本数据。

4. 关联商品

关联商品对于用户的留存和店铺其他商品的引流来说十分关键。在阿里巴巴国际站中，如果买家对其所浏览的商品不感兴趣的话，能够通过商品页中的关联链接跳转到其他商品链接。关联商品一般是与商品功能上相似、互补的商品，或者是店铺的促销商品，又或者是店铺的主推商品等。

5. 相关服务信息

买家在购买商品时，不仅会关注商品的功能和特色等问题，还十分注重卖家的服务水平和能力，包括售前服务、售后服务。因此，阿里巴巴国际站在商品页中对商品的服务和保障等也进行了特别说明，以减少买家的顾虑。

阿里巴巴国际站的几个素材板块让商品页更加具备专业性和吸引力，这大大缩短了买家对商品的理解时间，让买家在浏览商品页时更加舒适。

9.2.3　收集关键词，扩充关键词库

阿里巴巴国际站十分重视关键词的搜索和运营。阿里巴巴国际站的流量一般分为自然流量、场景流量、活动流量、推广流量。其中，自然流量和商品的关键词之间存在着紧密的联系。因此，阿里巴巴国际站不仅要扩大关键词覆盖面，还要提升关键词排名，以获得更高、更精准的曝光度。下面是阿里巴巴国际站的关键词运营策略。

1. 确定核心关键词

核心关键词能够精准触达商品，是商品最简洁、直观的表述。核心关键词往往是从商品搜索热度、搜索量、买家搜索习惯等方面与店铺商品高度匹配的关联词。

2. 关键词的搜索路径

店铺的运营阶段大致可分为运营初期、运营中期、运营后期等。关键词库是一个需要经过长期积累、管理和优化的过程。因此，关键词的收集也可以按照运营阶段来规划。

店铺运营初期的主要目的是让店铺能够快速上线，因此，阿里巴巴国际站在运营初期主要负责收集热门关键词。首先，阿里巴巴国际站分别挖掘搜索需求量大和搜索供给量大的关键词，并确定为热门关键词。而后，阿里巴巴国际站对这些热门关键词进行分类和覆盖。

店铺运营中期需要完善关键词库。在搜索途径上，阿里巴巴国际站分别通过对站内和站外搜索途径的调查和分析完善关键词库。在站外搜索途径上，阿里巴巴国际站在亚马逊、Wish等平台上搜索自家商品，以了解外国人的搜索需求和搜索习惯。

店铺运营后期需要寻找蓝海词。搜集途径主要包括直通车推荐词、我的词、询盘等。同时，阿里巴巴国际站还对同行优秀店铺的关键词进行了具体分析。

以上就是阿里巴巴国际站的关键词运营策略。阿里巴巴国际站的关键词库经过了长期的积累和检验过程，在平台不断发展的同时不断拓展。

9.2.4 商品发布与删除

在完成上述收集关键词的步骤之后，卖家就需要以商品发布的方式进行关键词覆盖。商品发布并不是在标题中堆砌关键词再添加一些基础属性、放几张商品图这样简单。卖家需要注意以下几点。

1．类型选择

卖家可以自行选择商品类型，也可以接受系统推荐。同时卖家应注意不要盲目相信系统的推荐。因为系统的推荐有时会大相径庭，从而影响商品数据的表现。

2．填写标题和关键词

标题是获得买家搜索流量的入口。卖家在构思商品标题时应尽量使用精准、丰富且符合买家需求的词汇，让买家更容易搜索到商品。关键词的组合要尽量做到多样化、精准化，避免宽泛和模棱两可的用词，也要注意避免堆砌。

3．填写商品属性

商品的属性需要根据商品的特点来填写。填写的过程中需要填写完整，无论是必填项还是可选项，都需要填写完整。

4．商品图片发布

建议卖家使用 750 像素×750 像素的图片作为主图，这种尺寸的布局可以一图多用，同时充当主图和详情页。除了主图外，卖家也需要利用好辅图，通过不同的辅图详细展示商品的细节、功能、材质等，提升商品转化率。

5．商品视频发布

卖家如需发布视频，要注意视频的时间和大小。阿里巴巴国际站对视频的限制是时长在 45 秒以内，大小不超 100 MB。

6．详细信息页面

卖家在制作详情页信息时要注意内容的逻辑性，可以参考优秀同行业店铺商品的详情页，吸收其中的精华部分为己所用。

在商品定价和起订量方面，卖家需要参考同行，与同行之间的差距不宜过大。卖家所选择的商品图在满足平台要求的基础上，最好能突出商品的细节。详情页内容要根据商品量身定制，尽量避免使用如出一辙的模板。此外，卖家还可以通过详情页引导买家咨询客服或直接转入下单页面。

对于阿里巴巴国际站的卖家来说，上传多少个商品是最合适的呢？一般平台会要求卖家上传至少 2 000 个商品，但上传商品的数量限制并不是一成不变的。因为卖家上传商品的数量要依据关键词来定，最合适的方法就是一个商品设置一个关键词。卖家要尽可能多地覆盖关键词以提升点击率和转化率。因为买家在平台上是通过搜索点击关键词来获取商品的，所以关键词覆盖率和买家点击率是成正比的。

卖家在进行商品发布之后还要定期删除店铺中的零效果商品。零效果商品是指访客、收藏、分享等众多反馈数据都是零的商品。卖家需要控制好店铺内零效果商品的数量，否则会影响整个店铺的权重。

在零效果商品的处理方面，如果该商品是卖家的主推商品，则可以对商品信息、详情页等进行优化，并将其加入橱窗；如果该商品不是卖家的主推商品，则可以直接删除。

9.2.5　P4P 直通车广告投放

P4P（pay for performance）直通车是一种阿里巴巴国际站提供给卖家的推广资源。卖家借此可以实现引流、曝光、提升排名的目的，让卖家商品优先展示在买家面前。P4P 直通车的推广方式有以下三种。

（1）全店推广：卖家通过设置出价和预算以获取流量，此方式还可以让卖家通过积累数据打造爆款。

（2）定向推广：卖家根据自己的需求选择推广商品，可以单独设置商品预算和出价。使用此种方式的卖家只要完成基础设置即可抢占流量。

（3）关键词推广：由卖家设置关键词和出价，系统会根据商品的类别自动将商品匹配到合适的关键词下，然后进行推广展示。

在阿里巴巴国际站运营中，P4P 直通车广告投放最重要的是投放的精准性和覆盖面。卖家要确保加入投放的关键词都是相关词，如果选择的词相关性低或者不相关，就会造成卖家资金的浪费。P4P 直通车广告投放的效果与卖家的运营密切相关，为达到更好效果，卖家需要每天对 P4P 直通车广告投放进行密切监管。以下是卖家在关注 P4P 直通车广告投放时需要重点关注的内容。

（1）多关注阿里巴巴国际站的关键词，及时了解资金使用情况。同时，广告投放时间不宜过短，要基本上能覆盖买家的主要上网时间。

（2）有针对性地定期分析 P4P 直通车广告投放的数据，查看资金是否使用到了目标商品上，以及询盘转化的效果如何。

（3）及时调整替换不合适的关键词和流量小的商品。

在长期的监督管理下，P4P 直通车广告投放才能够发挥更好的作用。

9.2.6　根据数据分析结果进行店铺优化

数据分析可以帮助卖家了解店铺的整体经营情况，了解店铺曝光量、访客量、点击率、询盘数量等数据的变化。卖家需结合行业平均值来了解自己店铺的水平，并及时进行店铺优化。

卖家如何在阿里巴巴国际站进行数据分析？以下几点是可供参考的建议。

（1）看全貌：看全店的曝光量、访客量、点击率、询盘数量在全行业中的位置，看自己店铺和行业平均值黄线的差距，以及点击率和转化率是否达到了所在行业平均值。

（2）看流量来源：选择曝光率和点击率，观察付费流量和自然流量之间的差异，再与黄线做对比，寻找差距，从而明确增长空间。

（3）看流量精准度：通过曝光和询盘数量观察国别化流量占比，重点关注点击国和询盘国之间的数据是否成正比。

（4）看商品：先找到点击率在0.7%以下的商品，再找出导致曝光率高但点击率低的词，在此基础上做屏蔽词的优化或者商品标题的优化。

阿里巴巴国际站的卖家也可以在"数据荐品"板块进行商品优化。此板块会为卖家提供待优化商品的清单，以及同行数据平均值和当下买家的偏好商品推荐。这些功能可以使卖家更好地把握商品的数据情况。

以上数据分析的方法是为店铺优化服务的。卖家在完成数据分析之后，下一步就需要进行店铺优化。

其中，对于高曝光率、低点击率的商品，卖家首先要看商品点击率是否在行业平均水平之上，然后再看所选用的关键词与商品是否足够匹配。如果关键词匹配度和点击率都处在偏低的水平，则卖家可以考虑在P4P直通车广告投放中调低出价，保证出价不低于行业平均价即可。或者卖家也可以考虑暂停商品在P4P直通车广告中的投放，以减少损失。

对卖家而言，只有关注商品的相关数据并及时对商品进行调整优化，才能够节约成本并实现收益最大化。

9.3 阿里巴巴国际站规则详解

为了确保买卖双方的交易规范及保障双方的合法权益不受侵害，卖家在阿里巴巴国际站进行交易时应遵守平台制定的规则。

9.3.1 商家经营类目规范

2022年11月，阿里巴巴国际站平台根据卖家类型和规模发布了最新一版的商家经营类目规范。此次规范只对2023年1月1日零点后签约的卖家生效，其他尚处于合同期的卖家需等下次续费后生效。新版规范发布后，受影响最大的是店铺中不同的一级类目较多的卖家。对于类目较单一的卖家则影响不大。卖家可以利用平台发布的新版规则对自己的商品类目进行拓展。

此次规范中，平台规定了卖家可经营的一级类目数量。其中，出口通卖家可经营2个一级类目，金品诚企-工厂/工贸一体商家可经营3个一级类目，金品诚企中的贸易型商家可经营4个一级类目。

平台要求卖家在新规范生效前配置好店铺经营一级类目，避免规则生效后影响商品的发布。卖家可以登入后台在公司管理信息中设置类目。在新规范生效后，受影响的卖家只能在可经营的一级类目下发布商品，平台将对超出范围的商品进行自动下架处理，卖家可登录后台查看被下架商品。

以下是针对阿里巴巴国际站卖家经营类目规范的典型问题和相关解答。

（1）问题：新规则生效后，卖家是否可以更换经营一级类目？

解答：允许。在合同有效期内一年提供两次修改机会。

（2）问题：新规则生效之前，卖家忘记设置经营一级类目，待规则生效后平台将如何处理商品？

解答：若卖家未自行设置类目，平台将卖家店铺中发货数量最多的商品所在的类目作为默认一级类目，其他一级类目的商品会被下架。

（3）问题：商品被平台下架后，卖家可以去哪里查看被下架商品？

解答：卖家可以登入后台，在管理商品列表中筛选出"非发品类目商品"来查看下架商品。

（4）问题：金品诚企商家二次认证之后企业类型变更，经营一级类目数量会变更吗？

解答：会。但企业由于认证类型变更导致的类目数量变化不会计入年修改次数。

9.3.2 搜索排序规则

阿里巴巴国际站的搜索排序规则主要包括以下 5 个方面，如图 9-2 所示。

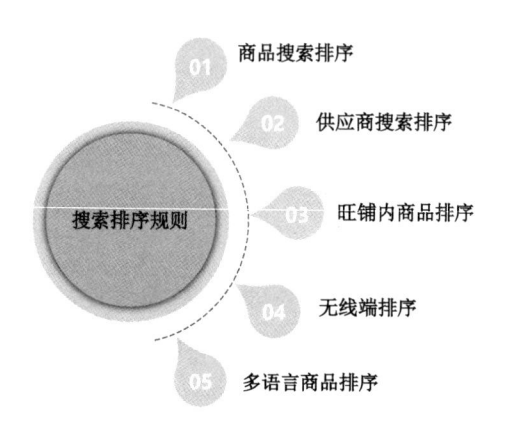

图 9-2 搜索排序规则

1. 商品搜索排序

阿里巴巴国际站商品是按照过滤、匹配、排序的漏斗模型进行排序的。搜索结果中首先会过滤掉重复铺货、类目错放、违反站规的商品。然后系统会依据商品使用的类目及文本将关键词和商品进行匹配，最后进行商品排序。买家偏好、商品信息质量和卖家的信息质量等都是影响排序结果的因素。

2. 供应商搜索排序

供应商搜索排序主要涉及 4 个方面：公司名称、主营业务、商品信息的相关性、买家偏好度。其中，买家偏好度是指两款商品在其他信息完全一样的情况下，甲商品的买家点击率或反馈率高于乙商品，则甲商品的买家偏好度优于乙商品。

3．旺铺内商品排序

旺铺内商品排序是指店铺首页展示出的商品类目里所包含的商品的排序，这一排序也包括某一具体分类的商品排序。卖家可以通过平台自行调整店铺中某一分组里的商品排序。

4．无线端排序

无线端排序是指手机浏览器排序和阿里巴巴买家 App 排序。两者区别在于，浏览器排序中，可最多展示 15 个 P4P 商品。阿里巴巴买家 App 可最多展示 10 个 P4P 商品，且不展示顶级展位。商品排序在移动端与电脑端的规则基本一致，但付费推广的商品的实际排序结果可能会有差异。

5．多语言商品排序

多语言商品在多语言站点的排序规则和英文站点的规则基本相同，只是在英文站点的基础上新添了原发商品激励因素，同时减少了关键词、排名等付费因素。原发商品激励是指在多语言市场中，原发编辑发布的商品在参与排名时可以获得加权，拥有商品排序优势。

9.3.3　评价体系规则

阿里巴巴国际站于 2022 年发布了新升级的评价体系规则。此前众多买家都对延长平台可支持评价的时间这方面存在诉求，于是阿里巴巴国际站对评价体系规则进行了升级。

评价体系规则升级后，平台开始支持符合特定条件的买家进行直接评价，如最近 6 个月内和卖家沟通次数较多的买家或已付款但未点击确认收货的买家。这两类均是符合条件可以进行直接评价的买家。

关于交易评价，新规则中规定，在订单完成后三个月内交易双方均可发布交易评价，但须基于真实的交易情况。

此次新升级的评价体系规则还明确指出，卖家主动删除商品并不会导致相关评价内容的消失，被删除商品的评价依然可以展示在店铺评价中。若交易过程中发生订单终止的情况，则买家无权进行交易后的评价。

9.3.4 质保售后服务规范

为了更好地规范售后服务，减少买家与卖家的交易纠纷，阿里巴巴国际站制定了质保售后服务规范。此规范明确了服务内容、服务费用、服务时效等内容的具体标准及扣分规则，如图9-3所示。

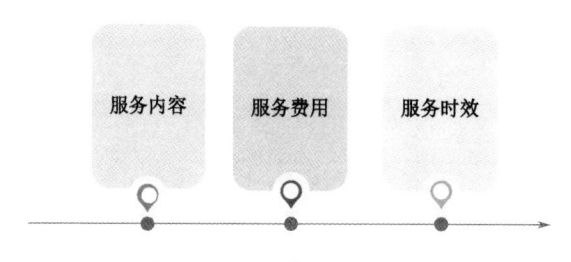

图9-3 质保售后服务规范

1．服务内容

规范中指出，阿里巴巴国际站提供为期一年的质保售后服务。买家在阿里巴巴国际站购买的有"1-year Online Service Warranty（一年质保售后服务标识）"的商品，可以享受平台提供的质保及售后相关服务，如远程安装指导、远程故障诊断、免费配件寄送等。

2．服务费用

规范中指出，对于远程安装指导、远程故障诊断服务等免费服务项目，卖家不能向买家收费。经卖家鉴定后，在商品是非故意损坏的情况下，且在约定的免费配件范围内，卖家向买家提供免费配件寄送服务。

3．服务时效

如果买家要求卖家提供远程安装指导、故障诊断等服务，则卖家需在24小时内响应买家的需求，并向买家提供相关的资料。如果买家要求卖家提供免费配送服务，则卖家同样需在24小时内响应买家的需求，同时在48小时内向买家寄送配件。

凡是承诺过一年质保售后服务的卖家，无论是在商品详情页或是以其他形式做出承诺，都属于规范中的有效内容，卖家须履行服务。如果卖家逾期未回复或未提供给买家合理解决方案，则平台会判定卖家拒绝提供一年质保售后服务，并对其进行相应扣分，这会影响店铺的正常运营。

第10章
独立站——专属卖家自己的跨境电商平台

跨境电商的运营模式多种多样，有卖家依托于以亚马逊为首的跨境电商平台售卖商品，也有卖家选择独立站进行商品销售。独立站指的是卖家脱离跨境电商平台，建立专属自己的跨境电商平台。下文将从跨境电商独立站的优势、如何搭建独立站及独立站运营策略三方面对独立站进行详细介绍。

10.1 跨境电商独立站的优势

当前，跨境电商独立站越来越受到卖家的追捧，这与它独特的优势分不开：一是跨境电商独立站可以摆脱第三方限制，成本低且规则开放；二是可以获得更多数据，实现数据价值深度挖掘。

10.1.1 摆脱第三方限制，成本低且规则开放

目前，跨境电商的经营模式以在亚马逊、阿里巴巴国际站等第三方跨境电商平台销售商品为主，部分以独立站的模式运营。但是随着卖家在第三方跨境电商平台经营店铺的竞争日益激烈，越来越多的卖家开始选择搭建跨境电商独立站。

卖家在第三方跨境电商平台经营店铺，在享受店铺流量优势的同时，也需要承受一些压力。

一是第三方跨境电商平台的模式竞争激烈。许多入驻平台的卖家，为了促进销售，降低了利润，导致盈利逐渐减少。

二是在卖家与第三方跨境电商平台的合作中，平台占主导地位，卖家需要遵守其规定的各种限制性政策。例如，有的第三方跨境电商平台曾经出台过库存政策，对库存的体积和库存的商品数量都加以限制，让卖家头痛不已。

三是第三方跨境电商平台很容易对存在买家投诉的商品进行下架处理，甚至进行店铺关闭、资金冻结等处罚，导致卖家承受巨大损失。

在这种情况下，很多卖家选择搭建独立站进行商品销售。卖家运营独立站，可以摆脱第三方跨境电商平台对自身店铺运营的种种限制，掌握自主权。卖家可以灵活制定独立站的运营规则。同时，因为省去了支付给第三方跨境电商平台的运营费用，在有足够的流量支持情况下独立站的运营成本相对较低，可以让卖家获得更多的利润。此外，独立站也享受政府专项资金补贴的支持，基于这些优势，独立站逐渐成为跨境电商卖家的主要运营方式之一。

10.1.2 获得更多数据，实现数据价值深度挖掘

许多卖家在第三方跨境平台中运营，但产生的用户数据、交易数据等详细数据并不会向卖家公布，卖家无法了解买家的消费情况。

买家是平台的买家，和卖家的联系并不是很密切，因此卖家很难根据买家的消费信息进行精准营销，也很难提升复购率。为了获取更多的平台流量，卖家只能支付高昂的引流成本。而在独立站，卖家可以掌握详细的买家数据、行为数据与交易数据，可以对这些数据进行深度挖掘和数据分析，获取数据价值。

独立站的成功运营，离不开卖家的数据分析。卖家可以通过数据分析，了解商品的销售情况，及时发现其中的问题并做出调整，从而提升独立站的转化率。在数据分析方面，卖家可以关注以下指标，如图10-1所示。

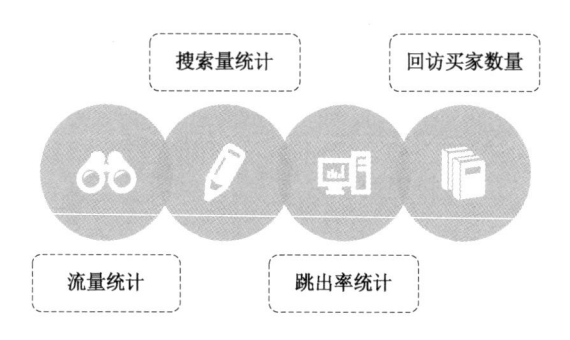

图 10-1　卖家需要关注的数据分析指标

1. 流量统计

卖家需要重点关注买家的消费时间、消费地点、消费来源渠道及设备等数据，这些数据可以通过网站系统查看，也可以通过第三方数据分析工具查看。这些数据可以为卖家提供诸多有价值的信息。例如，通过买家对每个商品的停留时间可以分析出哪些商品比较受欢迎，哪些商品对买家的吸引力不大。如果某个商品的点击率特别高，可以考虑对其投放流量，打造爆品。再如，卖家可以了解买家来源渠道，进而判断出哪个渠道的转化率更高，从而考虑提高对该渠道的投入金额。

2. 搜索量统计

卖家需要关注搜索关键词、搜索次数、搜索时间、国家和地区等数据。卖家通过这些搜索量统计数据，了解买家的爱好，挖掘买家的消费需求，做出相应的举措。例如，对热门搜索商品进行广告投入，将高搜索量商品放在网站的首页，能够帮助卖家售出更多的商品。卖家也可以上新一些买家频繁搜索但店铺中没有的商品。

3．跳出率统计

卖家需要关注4个数据：网站访客量、商品加购率、添加支付信息的人数与最终购买率。这些数据能够帮助卖家理清哪个环节存在问题。例如，有许多买家将商品加入购物车，但填写支付信息的人数相对较少，这时候卖家可能要考虑自己的结账页面是否存在问题。

4．回访买家数量

卖家可以借助谷歌的流量统计工具看到回访买家数量。回访买家一般分为两类，一类是复购买家，另一类是曾经放弃购买如今想要购买的买家。卖家可以向回访买家赠送优惠券，提升购买率。

在独立站运营的过程中，卖家需要重视数据分析。只有对独立站的运营数据进行详细的分析，才能够充分发挥数据的价值，为优化独立站运营提供方向，最终提升店铺销量。

10.2 如何搭建独立站

跨境电商卖家应该怎样搭建独立站？在搭建独立站的过程中，卖家需要选择合适的域名和建站平台、规划网站板块与网页设计、搭建便捷的支付系统、设置跨境物流等。

10.2.1 选择合适的域名

域名是跨境电商独立站的网址。合适的域名能够便于买家记忆、提高搜索排名、增强独立站品牌形象等。因此，在搭建独立站之初，卖家首先要做的就是选择一个合适的域名。

域名由两部分构成。一部分为二级域名，一部分为顶级域名。例如，以"www.abcd.com"为例，".abcd"为二级域名，".com"为顶级域名。域名的这两个部分有不同的要求。顶级域名代表不同的类型或国家，如".com"".net"".org"等。二级域名可由卖家自由创建，可以由字母或数字组成，中间不能有空格。

在选择域名时，卖家需要注意以下事项。

1．尽量简短

一个简短的域名更方便买家记忆，吸引买家回访。同时卖家需要避免在域名里添加数字和符号，这不仅容易被人忽略，还容易被不带数字和符号的域名抢流量。

2．尽量选择".com"后缀的域名

".com"域名是世界上用得最多的域名后缀。同时，从 SEO 优化的角度来看，许多搜索引擎都偏向于".com"为后缀的网站。

虽然".com"是域名首选，但这并不意味着卖家不可以选择其他的域名。如果卖家的独立站是针对某个具体的国家，那么也可以使用该国家的域名，如".us"".au"等。

3．以商品名或品牌名作为域名

在选择域名时，卖家可以以商品名打造域名，让买家一看到域名就知道卖家是销售什么商品的。同时，这类域名更有利于 SEO 优化。当买家想购买一款商品的时候，直接输入"商品名称.com"就可以打开卖家的网站。例如，在看到"www.outdoorlighting.com"这个域名后，买家就会知道卖家是销售户外照明商品的。

域名注册讲究先来后到，很多商品词加.com 类型的域名已经被注册了。在这种情况下，买家可以用商品词复数、商品词组合、在商品词后加上公司缩写等。

除了商品名外，卖家也可以以自己的品牌名称作为域名。卖家可以通过"品牌名+关键词"的形式组合域名。

4．使用域名生成工具

为了更加便捷地找到还没有被注册过的域名，卖家也可以使用域名生成工具寻找域名。例如，如果卖家想打造一个销售服装的独立站，就可以输入关键词"clothes"并选择".com"后缀，进而选择还没有被注册过的域名。阿里云、GoDaddy 等都是知名的域名服务商。

5．域名历史信息查询

在选择域名时有一个注意事项，卖家在选好域名后还需要查看这个域名是不是曾经被弃用的域名。一般来说，曾经被弃用的域名中往往存在一些垃圾外链。这对于卖家来说是个比较麻烦的事情。因此，卖家需要在域名历史信息工具中查询域名曾经的网站内容，确定其是否是一个新域名。

最后，在选好域名后，卖家就需要长期经营，不要经常换域名，以便提高独立站域名的搜索引擎排名。

10.2.2　选择合适的建站平台

选择好域名之后，搭建一个独立站要做的第二件事是选择一个合适的建站平台。建站平台提供了一套完整、智能的系统，可以帮助卖家轻松建站。

当前，主流的建站平台包括以下几个，各自拥有不同的特点。

1. Shopify

Shopify 主攻 B2C 方向，提供了丰富的数据资源，适用于中小卖家。同时，Shopify 操作简便，系统简洁、稳定，对卖家英文水平要求不高。Shopify 有大量的电商主题模板供卖家选择，同时还有丰富的可以协助卖家开展各种营销活动的内置工具和资源，可以帮助卖家提高店铺的客流量。Shopify 还可以帮助卖家在网络平台上进行品牌营销。

在 Shopify 平台建站的步骤如下。

（1）先注册一个账号。

（2）开始试用。每个账号有 12～14 天的免费试用期，卖家按照页面操作步骤认证好电子邮箱即可开始使用。

（3）设置主题。卖家可以使用默认主题，也可以使用自定义主题。主题库中有免费主题和付费主题。卖家也可以在其他主题网站中购买主题并下载使用。

（4）添加商品。设置好主题后，卖家可以试着添加商品并查看搭配效果。

（5）设置收付款方式。Shopify 提供了多样的收付款方式，如 Shopify Payments、PayPal、Stripe 等信用卡支付平台，卖家需要基于此设置收付款方式。

2. GoDaddy

GoDaddy 平台操作方便，系统流畅且简洁，每月费用也较低。GoDaddy 适合刚刚起步且需要尽快投入运营的卖家。GoDaddy 具有内容和视频设计、营销管理工具、跟踪指标等功能，可以适应多种设备，在手机上也可以快速响应。卖家使用 GoDaddy 建站的步骤如下。

（1）注册域名。

（2）购买服务器。服务器用来存放网站程序和数据库。

（3）搭建网站。卖家在 GoDaddy 上购买域名，能够获赠免费建站服务，使用期限为 30 天。

3．WordPress

WordPress 拥有庞大的市场和生态，有很强的容纳性，是囊括了各种创意的跨境电商独立站建站平台。在插件或集成其他功能方面，WordPress 十分具有优势。WordPress 网站十分适合需要使用额外工具和自定义功能制作创意网站的卖家，支持卖家自由设置网站样式。在 WordPress 建站的步骤较简单，如下所示。

（1）登录。进入后台地址，输入账号密码即可。

（2）设置标题、副标题、网址。点击页面左侧菜单即可设置。

（3）发布文章。可以定时发布文章，在评论菜单中可以查看评论。

4．Squarespace

Squarespace 平台的设计能力强大，卖家在该平台中添加小部件很方便。Squarespace 提供大量可选择的自适应模板，允许卖家设置自己的品牌元素，如字体、颜色、背景图像和横幅等。卖家可以自由嵌入弹出窗口和公告栏。以下是 Squarespace 的使用步骤。

（1）选择试用模板。

（2）获得免费的自定义域名。卖家在第一年可以免费使用域名。

（3）添加文本和照片。

（4）自定义字体。网站中有上百种字体和颜色可供卖家选择。

（5）制作徽标。卖家可以使用 Squarespace 中的免费在线工具制作自己品牌的徽标。

（6）进行推广。把网站发布到社交媒体上进行下一步的传播。

市面上的建站平台五花八门，在众多平台中选择合适的建站平台是一门学问。卖家在选择建站平台时，可以从以下几个方面进行考虑，如图 10-2 所示。

图 10-2 卖家选择建站平台需要考虑的因素

1. 建站速度

对卖家来说，建站所耗费的时间越少越好，所以卖家在选择建站平台时，可以优先考虑操作简便的平台，尽量减少熟悉系统所花费的时间。

2. 建站成本

卖家可以选择一些高性价比、可以满足基本需求的网站。有些网站功能虽多但华而不实，卖家要根据自己的需求合理筛选。

3. 定期更新功能

如果卖家独立站的规模不大，并且没有专业团队定期维护网站，最合适的选择是在提供定期升级服务的平台搭建自己的网站，这样可以在预算最低的情况下保证网站的稳定性。

4. 售后服务

卖家搭建好独立站之后，在后续的使用中可能会出现一些突发问题，这时良好的售后服务是尤为重要的。在选择建站平台时，卖家可以提前咨询平台客服，了解该平台的售后服务水平。

跨境电商卖家可以根据建站平台的特点及自身的实力和诉求，参考以上几点来选择最合适的建站平台，为后续的业务发展打下良好基础。

10.2.3 网站板块规划与网页设计

在选好建站平台后，卖家就需要进行网站板块规划和网页设计。在网站板块规划方面，卖家需要关注以下 5 个板块。

1．导航栏

导航栏的作用是为进入网站的买家提供功能板块指引，以便买家可以更便捷地找到自己所需的内容。究其本质，导航栏其实就相当于超链接，这些超链接的目的地是该网站的各个页面。买家可以点击网页上方显示的导航栏，快速进入网站的其他页面。

2．站标

站标也叫网站 logo，能够体现出一个网站的特色。站标通常设置在网站首页的醒目之处，让进入网站的买家可以清晰地看到。一个独特的站标可以给进入网页的买家留下深刻的印象，为后续网站的推广和宣传奠定良好的基础。

3．标题

标题在网页中的作用是提示该网页的基本内容。网页的标题一般位于浏览器上方窗口的标题栏中。精彩且实用的标题可以让买家快速了解该网页的内容，节省买家的时间，提升买家的体验。

4．内容板块

内容板块通常会划定不同的栏目。网站所呈现的内容不同，所设置的栏目就不同。栏目中的内容可以是文字、动画、图像等。

5. 页眉页脚

页眉位于页面的顶部，页脚位于页面的底部。一般来说，很多网页会有明显的页眉、页脚设置，让页面更加美观。页脚会显示网站的联系方式和网页相关的版权信息，有些网页的页脚也会有跳转到其他网页的友情链接。

板块规划完成之后要进行网页设计工作，使网页更加美观。在网页设计方面，卖家需要注意以下几个方面。

1. 页面的色彩设计

页面的色彩设计需要整体、统一。卖家需要选择一个和很多场景及商品都能够很好地搭配在一起的色调，确定一个整体的暖色调或冷色调。在选择颜色方面，卖家需要注意不要使用太多种颜色，同时在素材设置方面做到动静结合，展示出更好的视觉效果。

2. 突出商品的特点

在页面设计中，卖家需要注意不要在网页中填充太多内容，要保证能够突出主要的商品信息，可以展示店铺的热卖商品、企业优势、服务内容等。

时尚大气的横幅广告可以快速抓住买家的目光，展示店铺形象。同时，卖家也需要为横幅广告加上超链接，指引买家进入商品展示页面。

3. 响应式设计

响应式设计指的是一种页面设计布局，旨在通过集中创建页面的图片排版，智能地根据用户行为和使用的设备进行相应的布局。在做好页面的响应式设计后，独立站才能够应对尺寸不同的移动端，自动适应不同的屏幕大小，在不同的设备上流畅地显示。

4．细节点缀

在网页设计过程中，卖家也需要注意加入一些细节，如 Meta、Twitter 等社交平台的企业链接、E-mail 地址等，让网页内容更加完善，更符合买家的浏览习惯。

10.2.4　搭建便捷的支付系统

收付款是跨境电商独立站卖家需要着重考虑的一个方面，搭建一个完善的支付系统对于卖家和买家来说都尤为重要。卖家在选择支付方式时既要结合商品的特点，又要考虑买家的支付偏好。以下是跨境电商独立站可选择的几种支付方式。

（1）Paypal

PayPal 是一款热门国际贸易支付工具，很多买家会选择用 PayPal 进行跨境支付。其特点是随时随地可支付，支付后即刻到账，并且可以在我国的银行轻松提现，让外贸收款变得更轻松。

PayPal 开户条件简单，个人或企业都可以注册，适用于交易额度小的零售业跨境电商。卖家可以从以下两点判断自己是否适合使用 PayPal 作为支付工具：业务以零售为主，单笔交易额在几十到几百美元，并且不高于 3 000 美元的 B2C 的卖家；确认所售商品是正牌商品的卖家。

（2）WorldFirst

WorldFirst 在线支付公司的主营业务是协助其客户将资金流通到全球，其同时也为世界各地的客户提供用于接收国外电商平台的贸易款的欧美银行账户。在 WorldFirst 支付系统中，可以进行超过 200 个国家的银行转账。WorldFirst 适用于交易额度小且买家群体分布广的跨境电商卖家。

（3）信用卡收款

信用卡在海外的普及率和使用率较高，很多海外买家都会选择用信用卡进行交易。跨境电商独立站可以和 Visa、MasterCard 等国际信用卡组织合作，或直接对接海外银行，只需要开启接收海外银行信用卡支付业务的端口即可。这种支付方式实用性较强，可以接受几乎所有借记卡和信用卡及电子钱包。信用卡收款适用于跨境电商零售业和独立 B2C。

此外，在搭建跨境电商独立站的支付系统时，卖家可以与第三方支付平台合作，搭建便捷、支持多种支付方式的支付通道。例如，钱海支付就是一家完善的第三方支付系统，其提供以下优质服务。

（1）国际信用卡：钱海支付与各大支付机构建立了合作关系，通过全球化的信用卡收单服务体系，为跨境电商独立站卖家提供国际化、标准化的支付产品。

（2）全球支付产品：钱海支付通过完善的产品服务，积极帮助客户开拓市场，提高竞争力。除了美欧等主流市场外，钱海支付还在俄罗斯、墨西哥、澳大利亚等市场积极拓展本地支付产品。平台已成功运营 500 多种支付产品，实现了全球卖家与买家的无缝对接。

（3）多终端支付：当前，很多买家都习惯于在手机、电脑等不同设备上进行支付。钱海支付在 PC 支付对接的基础上，推出了基于移动 Web、智能电视等终端的支付解决方案，实现了多终端支付。

总之，这种集成多种支付方式的第三方支付系统对于跨境电商独立站来说，是一个不错的选择。

10.2.5　设置跨境物流

在搭建独立站的过程中，跨境物流也是卖家需要考虑的关键问题。独立站可以怎样设置跨境物流？主要有以下几种选择，如图 10-3 所示。

```
        国内自发货


无货源              海外仓


        虚拟仓
```

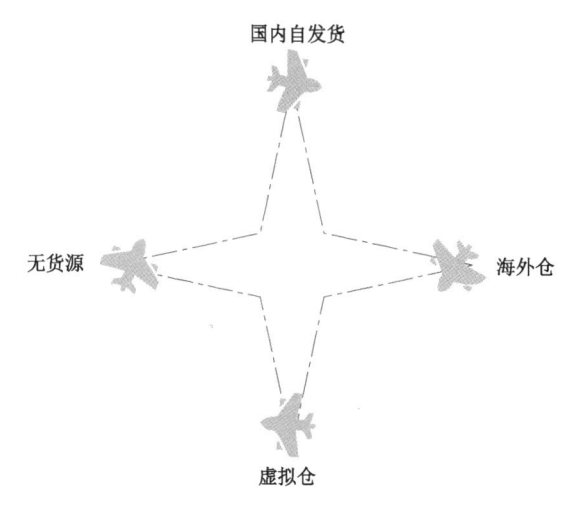

图 10-3　独立站发货模式

1．国内自发货

独立站的发货模式需要卖家独立站后台进行相关设置。目前很多独立站卖家都选择从国内自发货。自发货模式适合体积小且质量轻的商品。卖家通常会选择四大国际快递（UPS、Fedex、TNT、DHL）或邮政系列快递。

2．无货源

无货源模式指的是独立站通过供货源即分销平台 POPCUSTOMS 发货。独立站生成订单之后，由 POPCUSTOMS 直接向买家发货。这种发货方式不需要卖家囤货，库存风险低，同时，由平台进行商品的仓储和代发，物流成本也低。

3．海外仓

海外仓模式适合销售大件商品的卖家。流程为通过海运将货物批量地运送到海外仓，再由海外仓进行当地销售。这种跨境物流方式可以减少交货时间、降低物流成本、实现快捷退换货，从而提升买家满意度。

4. 虚拟仓

虚拟仓使用的是专线渠道,在国内贴好国外目的地的标签进行运输,全程使用单一单号,它的优点是成本低、风险低、运营灵活且不产生仓储费,同时可以显示海外的发货地址,提高买家信任度。

上述几种方式是独立站可以选择使用的跨境物流渠道。卖家可依据自身的实际情况选择合适的物流,以提高物流的效率,实现收益最大化。

10.3 独立站运营策略

在搭建好独立站之后,买家接下来就需要进行独立站运营。在这个过程中,社交媒体运营、EDM(Email Direct Marketing)邮件运营、KOL 合作运营、活动运营等都是卖家可以选择的独立站运营策略。

10.3.1 社交媒体运营:获取私域流量

社交媒体运营具有成本低、门槛低、传播性强、能够实现精准引流等优点,十分适合在独立站的起步阶段使用。要想做好社交媒体运营,卖家需要做好以下几点。

1. 内容优质

卖家在进行社交媒体运营时,需要注意内容质量。内容不仅要有创意,更要符合平台特点。许多卖家在进行社交媒体运营时,往往会先产出内容,再进行各个平台的转发，但这样的引流效果并不好。内容需要根据投放平台的特点进行产出，只有符合平台调性，才会引起买家的自发搜索。

以 Duolingo 为例，Duolingo 是一个语言学习网站，在 TikTok（抖音海外版）拥有数量庞大的粉丝群。但其粉丝积累并不是依靠语言学习视频，而是依靠一个绿色的猫头鹰。

Duolingo 的 TikTok 主页全部是以绿色猫头鹰为主角创作的视频，视频内并没有提及自家商品，而是将绿色猫头鹰与网络热点相结合，不断创作搞笑视频。Duolingo 的视频制作就十分符合 TikTok 的平台特点，因此拥有巨大的粉丝群体。后来，Duolingo 在其首页设置了与其他游戏合作的活动，吸引了上百万人的参与。

2. 社交媒体运营时调性要高度一致

卖家在运营社交媒体时需要为账号奠定一个基调，例如高端、接地气等，以吸引调性一致的买家。

3. 与粉丝积极互动

进行社交媒体运营时，与粉丝互动十分关键。与粉丝互动可以增强卖家与粉丝之间的情感链接，增强粉丝黏性，更好地实现转化。

例如，无人机的头部品牌大疆在 Instagram 上拥有超过 300 万名粉丝，其中有许多无人机摄影爱好者。大疆也十分喜欢在 Instagram 上与粉丝进行互动，分享粉丝使用自家商品时的拍摄内容，并会标注使用的设备型号。

2022 年，大疆发布了新品 Mini3Pro，并为该新品设置了一个话题标签 #flyminicreatebig。许多无人机爱好者都会在该话题下积极互动，并发布自己拍摄的图片。这种品牌与粉丝之间的互动，增强了双方的联结，也建立了紧密而又稳固的关系，使粉丝更加喜爱大疆。

卖家想要获得私域流量，可以根据以上方法对社交媒体进行运营，与买家建立连接关系，为买家提供服务与支持。

10.3.2 邮件运营：做好电子邮件营销

电子邮件营销是跨境电商独立站运营策略中很重要的一个方法。对于跨境电商卖家来说，发送邮件是与买家建立联系、吸引潜在买家、推广商品的一种不可或缺的营销策略。跨境电商独立站卖家在进行电子邮件营销时，可以参考以下几点，如图10-4所示。

```
                    ┌─ 吸引用户留下邮箱
                    │
                    ├─ 发送新用户注册邮件
                    │
       EDM 邮件运营 ─┼─ 发送弃购挽留邮件
                    │
                    ├─ 发送服务类邮件
                    │
                    └─ 以特殊的方式馈赠忠实客户
```

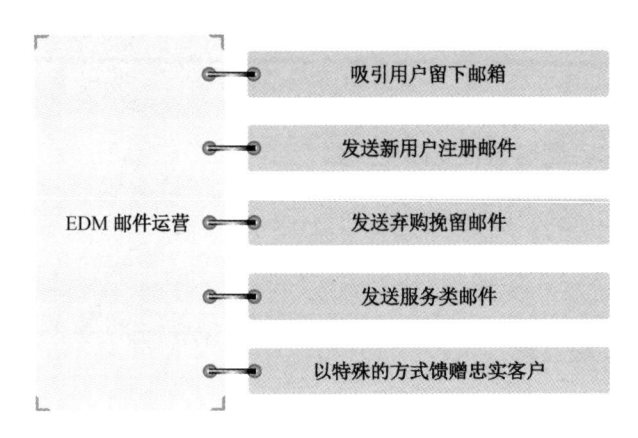

图 10-4　EDM 邮件运营流程

1. 吸引用户留下邮箱

在进行电子邮件营销时，最首要的环节是收集买家邮箱。收集买家邮箱的方式有很多种，如利用送礼品或抽奖活动让买家留下邮箱，然后将收集到的买家邮箱地址留存到地址池列表中。此外，卖家也可以在网站内的页面底部，用优惠券等福利形式使买家在本网站留下邮箱。

2. 发送新用户注册邮件

获得买家的邮箱之后，卖家可以开始以邮件的形式与买家互动，如给买家发送欢迎邮件，同时在邮件中附上一些优惠券。这是一种让买家感到自己受重视的行为，有利于吸引新买家。

例如，家居独立站 Brooklinen 的 EDM 邮件运营就是独立站运营中比较有代表性的一个案例。Brooklinen 在 Klaviyo 平台上进行电子邮件营销，邮件内容聚焦于商品和购物优惠等方面。电子邮件的内容包括最新的优惠、"猜你喜欢"系列产品、品牌服务介绍等。Brooklinen 以此来提高用户黏性和活跃度。

3．发送弃购挽留邮件

弃购挽留邮件能够在买家由于某些原因放弃付款时发挥作用。买家可能在网站挑选了商品且已经加入了购物车，但最终未付款，这时卖家可以通过邮件给买家发送挽留信息。

4．发送服务类邮件

在买家已经完成在网站的购买流程后，卖家还可以根据不同买家与订单的不同连接点向买家发送不同类型的电子邮件，如下单提醒、发货提醒、到货提醒等邮件。

5．以电子邮件方式馈赠忠实买家

在竞争激烈的市场中，买家很难忠诚于某一商品或品牌。在这样的情况下，卖家要想维持买家的忠诚度，可以考虑使用电子邮件的方式，给买家发送特别折扣的奖励，以表示对买家选择自己的商品的感谢。此外，卖家也可以通过电子邮件征求买家对商品和服务的意见，或者向买家发送调查问卷，多渠道地收集买家评价，以完善商品信息，提高服务水平。

10.3.3　KOL 合作运营：实现借势传播

KOL 通常是指在某行业或某领域有一定话语权的人。这些人能够为卖家宣传商品提供助力。KOL 合作运营的基本思路如下。

1．明确引入 KOL 的目的

卖家首先要明确引入 KOL 的目的是什么,是为了拉新、促活,还是付费转化。明确目的之后才能开展下一步活动。

2．确定 KOL 的类型

卖家需要根据自己商品和品牌的定位,选择相匹配的 KOL。有时某些垂直领域的 KOL 虽粉丝体量小,但可能比粉丝基数大但杂的 KOL 对卖家的贡献更大。同时,在选择 KOL 时,卖家需要关注 KOL 在买家群体中的知名度,选择买家本地的、具有较高影响力的 KOL。

3．列出备选 KOL 人员名单

卖家下一步就是列出一个含有 KOL 综合信息的备选名单。综合信息包括但不限于 KOL 的个人偏好、粉丝基数、粉丝质量和 KOL 报价等。

4．准备 KOL 合作方案

卖家准备合作方案时要和 KOL 明确自己的需求及 KOL 方将获得的利益。考虑到一些 KOL 的诉求更偏向于个人品牌的发展,所以卖家在准备合作方案时可以多考虑这些软性需求。

5．寻找 KOL 联系方式进行洽谈引入

卖家在将合作方案发送到 KOL 方后可能会遇到无回应的情况,此时卖家可以选择更多渠道,采取各种措施去联系 KOL。如果卖家资金充足,直接联系专业经纪人负责与 KOL 洽谈也是一个不错的选择。

6．建立常态化的 KOL 维护

如果卖家引入的 KOL 比较多,则可以依据不同类型的 KOL 建立不同的社群,

并完善每位 KOL 的档案，以便于卖家有针对性地接触 KOL。

7．激励与限制

在 KOL 运营中，卖家可以将更多的流量向一些有实力的 KOL 倾斜，并给予其物质奖励。当入驻的 KOL 形成一定影响力之后，卖家需要与其签订排他约束合同，以便更稳妥地加大后续的合作投入。

近年来，很多跨境卖家独立站为了提升自身影响力及将商品曝光给更多买家，十分青睐于选择海外 KOL 作为流量渠道。目前海外 KOL 推广主要阵地为 YouTube、Instagram、TikTok 等。这些平台也是很多独立站卖家营销拓量的重要阵地。

10.3.4　活动运营：设置完善的促销策略

对于跨境电商独立站卖家来说，要想成功推广商品、提高商品的转化率，就需要做好独立站的活动运营。在进行活动运营时，卖家首先要考虑的问题就是想通过此次活动实现什么目的，然后再构思活动。

在构思活动时，卖家可以考虑以下几种形式，如图 10-5 所示。

- 打卡或签到
- 测试或者答题
- 商品排名
- 收集买家的意见和建议
- 抽奖游戏

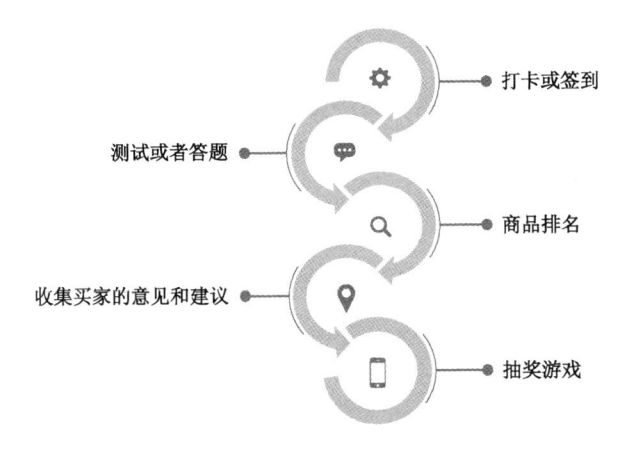

图 10-5　活动运营的几种形式

1. 打卡或签到

独立站卖家选择打卡签到的活动可以有效提高买家的忠诚度。卖家在启动打卡签到的活动时,可以用一些小礼品或优惠券作为奖励,并设置一些获得奖励的门槛,如卖家可以对签到天数做出要求,买家累计签到一周、一个月等可以获得不同的奖励。以累计签到天数作为领取奖励的标准,能够吸引买家持续打卡。

2. 测试或者答题

卖家在此环节可以以自身品牌故事为切入点来制作用于答题活动的测试题,以讲述卖家的品牌故事和打造卖家的品牌形象。同时,卖家也可以将所售商品相关信息设置为答题题目,深化买家对卖家品牌的认识。此环节可以设置丰厚的奖励来激发买家的参与热情。

3. 商品排名

此外,卖家也可以提供自己品牌中的几种商品并邀请买家进行线上投票。这个活动可以帮助卖家了解不同商品在买家心中的受欢迎程度。通过这一举措,卖家可以根据得出的排名结果有针对性地推广商品。

4. 收集买家的意见和建议

卖家可以通过向买家发放商品调研表这一方式获取买家对商品的意见和建议。卖家向买家发放调研表的同时最好附赠一些奖励,如优惠券或折扣券,这样可以提高买家配合填表的意愿度。卖家可以将所收集到的意见和建议作为优化商品的参考依据。这种发放调研表的方式既可以帮助卖家获取与商品相关的有价值的反馈,又可以提升买家的参与感和忠诚度。

5. 抽奖游戏

抽奖游戏是跨境电商独立站卖家在活动运营中常用的方式。在这个过程中,买家可以通过抽奖游戏得到一些折扣和优惠,卖家可以通过这样的方式赢得更多潜在买家，使商品的转化率得到提高。

想要做好活动运营，卖家就要在活动之前形成一套完备的执行方案并提前做好活动相关的准备工作，如宣传、规则、时间、流程、成本预算等。在活动结束之后，卖家还要及时复盘，验收活动成果并分析其中的问题，以便后续进行活动优化。

第11章
速卖通——属于阿里巴巴的跨境电商平台

速卖通即全球速卖通,是阿里巴巴针对国际市场建立的B2C跨境电商平台。和专注于B2B业务的阿里巴巴国际站不同,速卖通针对的是B2C市场,商品多为交易快速的小型零售商品。速卖通平台的入驻要求不高,适销商品种类多样,可以满足众多小企业卖家做跨境业务的需求。

11.1 如何在速卖通开店

速卖通是一个很受跨境电商卖家欢迎的跨境电商平台,再加上目前政策的支持,越来越多的跨境电商卖家产生入驻速卖通平台的想法。要想入驻速卖通,卖家就需要了解速卖通的入驻要求和开店流程。

11.1.1 速卖通的入驻要求

在速卖通平台上,卖家只有符合平台要求才可以入驻。那么,速卖通的入驻要求有哪些?

1.营业执照

速卖通要求卖家有个体户营业执照或企业营业执照,没有营业执照则不能入驻。

2.身份证

在身份证方面,个体户卖家需要准备自己的身份证,企业卖家需要准备法人代表的身份证,需提交身份证彩色扫描件及复印件。

3.电子邮箱

准备一个电子邮箱。建议使用海外邮箱,如Outlook、Hotmail等。

4.手机号

准备一个手机号。卖家自己或是法人的手机号。

5.企业支付宝

如果卖家有企业支付宝账号,则不用重新注册,否则需要注册一个国际支付宝账号。这可以帮助卖家快速通过注册认证。

6.品牌商标证明

速卖通很多类目都要求有品牌,可以是品牌商标、品牌授权证明、TM(trademark)标、R(register)标等。

7. 保证金

速卖通需要缴纳类目保证金,大部分类目的保证金为 1 万元。另外,手机类目的保证金为 3 万元。

卖家根据速卖通平台要求将以上材料准备齐全后,再去申请入驻,能够更容易通过审核。

11.1.2 速卖通的开店流程

速卖通的开店流程包括以下几个方面。

1. 填写基本资料

打开速卖通官网,如实填写基本资料。填写内容包括企业注册地、密码、邮箱、手机号码等。卖家最好准备一个全新的邮箱,便于后续的业务开展使用。

2. 支付宝实名认证

支付宝实名认证既可以选择企业支付宝认证,又可以选择企业法人支付宝认证。

3. 提交资料

卖家需要提交企业相关执照,证明企业资质,审核流程需要 2 到 3 天。待审核通过后,企业就可以进入店铺后台。

4. 申请大类

在后台中,企业要选择自己的商品大类,有部分类目需要提供额外资质证明,例如牙科用品、护肤用品等。申请并提交材料后需等待审核,预计为 5 个工作日。审核通过后,该大类下便能开通商品类目。

5. 提交商标

如果卖家经营的是其他品牌授权的产品,可以提交品牌授权书;如果是自己的产品,则需要提交商标资质申请。

6. 提交保证金

保证金的资金要在支付宝余额中,在类目申请成功后按照提示进行操作,最终确认缴费成功,店铺就可以正常经营了。

11.2 速卖通详细介绍

以下将从速卖通的销售计划、优势特点、收费明细、禁限售商品清单和翻译服务等方面对速卖通进行详细的介绍。

11.2.1 速卖通的销售计划

速卖通的销售计划可以分为两种,分别是标准销售计划和基础销售计划。

标准销售计划和基础销售计划都有着严格的开店数量限制,不管是个体工商户,还是企业,一个注册主体最多只能开 6 家店铺,每个店铺只能选择一种销售计划。其中标准销售计划的注册主体只能是企业。

两种销售计划的年费收费标准、商标资质标准、类目服务指标考核标准都相同,没有区别。但如果选择标准销售计划的卖家因自然原因中途退出速卖通,平台只返还未使用月份的比例年费,而选择了基础销售计划的则可以全额返还。但如果是因为卖家违反速卖通的平台规则而被迫中途退出的，年费则不会返还。

选择标准销售计划的卖家在一个自然年内不能转至基础销售计划；而选择基础销售计划的在不满足现有经营需求下，如果 30 天 GMV（gross merchandise volume，商品交易总额）≥2 000 美元，当月服务等级考核及格，就可以申请转移至标准销售计划。

标准销售计划的卖家可发布在线商品数不得超过 3 000 件；而基础销售计划可发布在线商品数不超过 500 件，而且部分类目暂不开放，每月可享受 3 000 美元的经营额度。

当然，无论哪种销售计划，符合要求的卖家都能够报名申请，没有支付金额的限制。

11.2.2　速卖通的优势特点

速卖通的运作模式对于中小企业和跨境电商零售批发卖家十分友好。其优势主要表现在以下几个方面。

1. 入驻门槛低，交易活跃

速卖通平台对卖家没有企业组织形式与资金的限制，直接面向全球多个国家的跨境电商卖家开放。申请入驻后，卖家便可以面向全球 200 多个国家的买家推销自己的商品。同时，速卖通平台交易十分活跃，能够满足卖家发展跨境电商业务的需求。

2. 交易流程手续简便

商品的出口报关、进口报关由速卖通物流方操作完成。买卖双方的订单生成、发货、收货、支付，全部在线上完成，其操作模式与淘宝操作模式类似。

3．价格优势

我国制造业具有聚集优势，能够为全球众多国家提供一手货源，因此具有很强的价格竞争优势。同时由于速卖通的单笔订单成交金额往往不会达到进口国海关的关税起征点，这也大大降低了买家的购买成本。

11.2.3　速卖通的收费明细

速卖通是如何收费的？速卖通的收费类目如图 11-1 所示。

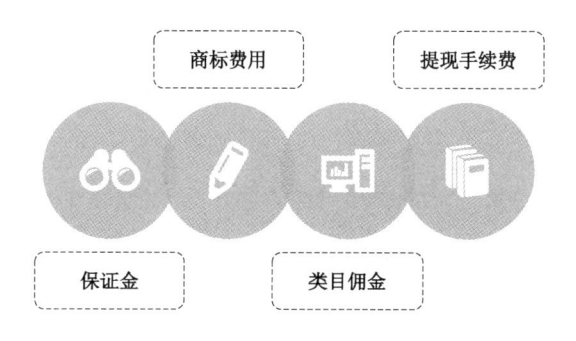

图 11-1　速卖通的收费类目

1．保证金

卖家在速卖通上开店，需要缴纳一定的店铺保证金，用来证明不是空壳企业。卖家需要在店铺关联的支付宝账户余额中缴存保证金，该笔资金是冻结的，不得随意转出。保证金的收费标准根据店铺注册所选经营大类不同而有所差异。如果卖家入驻了多个经营大类，那么保证金按照这些大类中最高金额标准进行收取，不会做叠加。

如果卖家想要退出速卖通平台，只要不存在卖家规则中规定的违约行为，保证金会全额原路返回卖家的支付宝账户中。这意味着只要合规经营，卖家的经营成本就不会很高。但如果卖家想要投机取巧，导致出现严重违规行为时，速卖通就会从保证金中扣除相应的违约金，剩余部分会在卖家退出平台后原路返还至支付宝账户中。

2. 商标费用

如果卖家已有品牌商授权的商标，或所申请类目对商标无要求，则卖家无须花费商标注册费用。如果卖家所申请的类目对商标有要求，但是卖家并没有商标或没有商标的授权，则需要缴纳商标注册费用。

3. 类目佣金

店铺销售出的商品，速卖通都会根据订单金额的一定比例扣除部分佣金。不同类目的佣金不同，一般在5%~8%之间。

4. 提现手续费

卖家在提现时，银行会收取一定的提现手续费。如果卖家用支付宝来结汇，则不收取手续费。

11.2.4 速卖通禁限售商品清单

卖家在速卖通发布商品时，要遵守平台规定的发布商品的规则，不销售禁售商品并按规定售卖限售商品，合法地进行跨境贸易。

禁售商品是指因违法、违背道德等原因，平台禁止卖家销售的商品，如军警用品、危险武器类商品等。限售商品是指发布前须取得许可证明，否则不允许发布的商品，如电子烟。在未经审批的情况下擅自发布此类商品的卖家将面临平台处罚。

速卖通划分了违规积分等级，并制定了相应的处罚标准，积分按行为年累计计算。如果卖家在2022年2月21日被扣12分，则将被冻结账户7天，处罚记录将会保留到2023年2月21日。被处罚多次的店铺，速卖通将会给予店铺搜索排名靠后的处理。

11.2.5 速卖通的翻译服务

速卖通作为一个面向海外买家的跨境电商平台，所提供的信息都是英文信息。一些不熟悉英文的卖家和买家会在浏览时遇到障碍。针对这个问题，速卖通提供翻译功能。速卖通的 IM（instant messenger，聊天工具）会自动对语言进行翻译。除此之外，以下翻译软件也可以为速卖通卖家提供帮助，如图 11-2 所示。

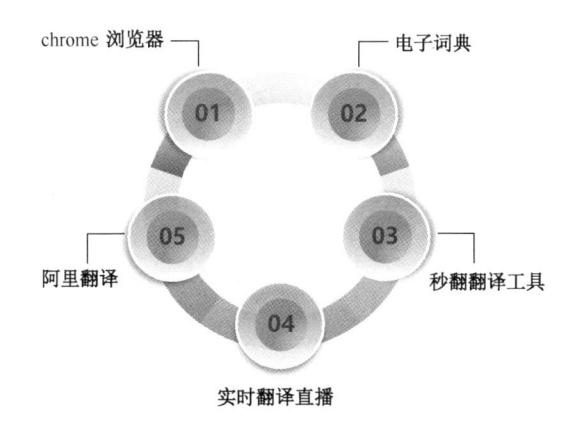

图 11-2 速卖通平台可以使用的翻译方法

（1）chrome 浏览器：卖家可以使用 chrome 浏览器中的翻译功能。此浏览器与速卖通平台的兼容度比较高。

（2）电子词典：卖家在处理订单时可以使用桌面版的有道词典、百度词典等电子词典。

（3）秒翻翻译工具：秒翻翻译工具可自动翻译、自动修图。卖家只需上传商品图，秒翻就会自动将所需要翻译的物料处理好。秒翻翻译工具对跨境电商卖家而言是一款实用的翻译工具。

（4）实时翻译直播：速卖通与阿里巴巴达摩院联合推出实时翻译直播，可同时进行中翻英、俄、西三种语向。卖家用中文一键开播即可涵盖西班牙语、英语等地区的超10亿人口。

（5）阿里翻译：卖家也可以使用全球交易助手中的阿里翻译。

11.3 速卖通相关规则"大盘点"

不以规矩，不能成方圆。跨境电商卖家选择速卖通作为销售平台后，发布商品时须遵守平台的相关规则。

11.3.1 速卖通搜索排名规则

速卖通搜索排名规则是将商品质量好、服务质量好的商品优先推荐给买家。谁能够为买家带来更好的购物体验，谁的商品就会排名靠前。

影响速卖通搜索排名的因素主要有以下5种。

1. 商品的信息描述质量

首先，卖家需要做到商品信息如实描述，帮助买家快速做出决策。商品虚假描述引发的纠纷将影响卖家店铺的排名。其次，卖家要做到商品描述准确、完整。商品需要有准确的标题、发布类目、属性、商品图片、详细描述等。最后，卖家要注意图片质量。多角度、多细节展示的商品图片有利于买家快速了解商品。同时，卖家要保证图片的原创性。

2．商品与买家搜索需求的相关性

相关性是一套非常复杂的算法。在买家搜索的过程中，与搜索关键词相关程度越高的商品，排名越靠前。为了获得更多曝光机会，卖家需要通过标题准确描述商品，注意不要有错别字，同时关键词避免堆砌和弄虚作假。

3．商品的交易转化能力

速卖通看重商品的交易转化能力。速卖通会通过商品的曝光次数、促成成交次数等衡量商品的交易转化能力。交易转化能力越高的商品，排名越靠前。转化能力低的商品的排名会靠后，甚至失去曝光的机会。因此商家需要注意商品评价，避免因商品差评而降低商品转化率，最终使搜索排名靠后。

4．卖家的服务能力

卖家的服务能力是影响买家体验的重要因素。提供优质服务的卖家的排名将会靠前，而服务能力差的卖家的排名将会靠后，甚至遭到禁止进入排名的处罚。速卖通会通过卖家的服务响应能力、订单执行情况、订单纠纷情况、卖家的DSR（detailed seller ratings）评分情况等评估卖家的服务能力。

5．搜索作弊的情况

速卖通会对搜索作弊行为进行处罚，并清理作弊商品。对于作弊行为严重的卖家，会做出使其店铺排名靠后或不进入排名的处罚。对于作弊行为特别严重的卖家，甚至会关闭其账号，进行清退处理。常见的搜索作弊行为包括重复铺货、重复开小号等骗曝光行为；商品关键词滥用、以超低价骗曝光、发布广告商品等。

总之，卖家需要遵守速卖通的以上搜索排名规则。在遵守规则的基础上优化店铺运营，卖家才能够使搜索排名靠前。

11.3.2　速卖通知识产权规则

速卖通严禁卖家发布涉嫌侵犯第三方知识产权的商品。如果卖家违反知识产权规则，则会受到平台处罚。卖家如果想要申请商标，就需要提供速卖通所要求的商标注册证或授权书，以及进货发票，审核通过后才能够发布相关商品。

首先，店铺产品的商标不能够涉及不正当竞争，例如与速卖通平台中已有的品牌、频道等相似，包含行业名称热搜词、知名人士或地名、纯图形商标。简而言之，在速卖通使用的商标一定是正规、合法的商标，不能够只想着蹭热度。如果卖家入驻时申请经营限制类商标产品，速卖通有权利拒绝或终止申请。

其次，卖家经营的品牌如果出现以下情况，平台有权下架该品牌商品。

（1）产品被证明其生产不合规，不符合国家、地方、行业和企业的强制性标准。

（2）该品牌经平台或第三方专业机构评判后，发现其对其他商标或品牌、包装等构成仿冒关系。

（3）品牌在经营期间明显存在高纠纷率、高投诉率、高退货率，严重影响买家的购物体验，经提醒后仍无改善的，平台会对店铺进行扣分，当累计到一定分数时，平台会强制关闭卖家店铺。品牌在经营期间被证明存在高纠纷率、高投诉率、低市场认可度，品牌商品描述平均分严重低于行业平均水平，严重影响消费者体验，经平台告知后在一个月内无明显改善的都会进行相应处罚。

在这方面，卖家需要严格审查自身所售商品，如果存在侵权行为，则需要及时删除，同时需要把控货源，拒绝来历不明的商品。此外，卖家也需要大力发展自有品牌，及时进行品牌注册，规避知识产权风险。

11.3.3 速卖通交易规则

平台交易规则是速卖通十分重视的一项规则。卖家要想实现店铺的长久运营，就需要严格遵守以下规则。

（1）在速卖通平台所使用的电子邮箱不得包含违反国家法律法规或干扰速卖通运营管理秩序的相关信息，否则速卖通有权要求卖家更换邮箱。如果卖家拒不更换，速卖通有权停用该邮箱。

（2）卖家在速卖通注册使用的邮箱、联系信息等必须属于卖家授权代表本人，速卖通有权对该邮箱进行验证；否则速卖通有权拒绝提供服务。

（3）为确保平台信息安全，速卖通有权终止、收回没有进行身份认证或连续 180 天未登录过的速卖通账号。

（4）如果卖家的账号因为严重违规而被关闭，即使再次注册，速卖通依然有权利立即停止服务。

（5）速卖通的会员 ID 在账号注册后由系统自动分配，不可修改。

（6）速卖通有权利对卖家的资质进行审查，包括但不限于支付宝实名认证，并有权审查其营业执照、法定代表人姓名身份信息、联系地址、注册地址等信息。

（7）商品发布后，卖家将在速卖通自动开通店铺，且不得转让或交易店铺。

（8）卖家认证主体必须是速卖通账户的权责承担主体，如果卖家在阿里巴巴集团旗下其他平台开设账号，卖家必须承诺并保证在速卖通认证的主体与该账号在阿里巴巴集团旗下其他平台的认证主体一致，否则平台有权立即停止服务，关闭速卖通账号。

（9）店铺名称和二级域名需要遵守平台相关规范，不能包含违反国家法律法规、涉嫌侵犯他人权利或干扰速卖通运营秩序等的相关信息，否则速卖通有权拒绝卖家使用相关店铺名和二级域名，或取消店铺名和二级域名。

11.3.4　速卖通放款规则

速卖通的放款规则是怎样的？速卖通会根据卖家的综合经营情况评估订单放款时间。放款规则主要包括以下内容。

（1）发货后 3~5 天放款。

（2）买家保护期结束后放款（买家保护期结束指买家确认收货/买家确认收货超时 15 天）。

（3）发货后 180 天放款。

在放款方式方面，速卖通存在两种放款方式。

（1）账号正常：提前放款，放款比例为 70%~95%，比例根据账号经营表现有所不同；一般放款，放款比例为 100%。

（2）账号关闭，放款比例为 100%。

速卖通放款过程中的常见问题有以下几个。

（1）账户的放款时间和方式发生变化。因为系统每个月 3 号会对卖家的数据指标进行考核，根据整体经营情况决定卖家本月的放款时间和方式。

（2）发货后都进行放款的卖家，并不是所有订单均可享受发货后放款。因为平台识别到该单笔订单有异常或高风险的情况，每个卖家会有一个放款额度，当放款额度达到上限之后发货的订单也需要在买家保护期结束后进行放款。

（3）针对放款额度已满情况的解决方案：卖家可以使用稳定高效的物流方式，在买家收到货后请买家及时确认收货；当买家确认收货或订单超时后，该订单的额度就被释放出来，其他发货后的订单就可以放款。

11.3.5　速卖通评价规则

和淘宝的评价机制相似，速卖通平台上也存在评价机制。交易结束后，买家与卖家可以互相评估对方信誉。

卖家分项评分指的是订单结束后买家匿名对卖家描绘商品的准确性、交流质量及回答速度、商品运送时合理性 3 方面做出综合性的评估,是买家对卖家做出的单向评分。与信誉评估不同的是卖家分项评分只能是买家向卖家做出评价,而信誉评估则是买卖双方进行互评。

如果交易正常结束,在交易结束后的 30 天内买卖双方均可对此订单做出评价。而在信誉评估中,买家即评即生效。

如果单笔订单成交金额低于 1 美元,那么这笔订单的评价则不计入好评率和商品分数。与之相同的是一些赠品类目、定制化商品等特殊商品的评价同样不会被计入。

除此之外,剩余的商品都会正常计算店铺好评率、店铺/商品评分。其计算标准统一为:四星五星加 1 分,三星 0 分,一星和二星减 1 分。

好评率=6 个月内好评数量/(6 个月内好评数量+6 个月内差评数量);

差评率=6 个月内差评数量/(6 个月内好评数量+6 个月内差评数量);

均匀星级=一切评估的星级总分/评估数量;

卖家分项评分中各单项均匀评分=买家对该分项评分总和/评估次数(四舍五入)。

当然,关于信誉评估,买卖双方都能对收到的差评进行回复。同时,速卖通有权对评估内容中包含人身攻击或不恰当的言论进行删除。如果删除了买家信誉评估,那么卖家分项评分也会被删除。

11.3.6　速卖通促销规则

在促销方面,卖家需要满足以下条件,才可以参加速卖通组织的促销活动。

1．有交易记录的卖家

（1）好评率≥90%；

（2）店铺 DSR 商品描述平均分≥4.5；

（3）速卖通平台对特定促销活动设定的其他条件。

对于上述的"好评率"店铺，DSR 商品描述平均分非固定值，不同类目、特定活动或遇到不可抗力事件影响，会适当进行调整。

2．无交易记录的卖家

由速卖通平台根据实际活动需求和商品特征制定具体卖家准入标准；卖家在促销活动中，应该遵守国家法律、法规、政策及速卖通规则，不得发生涉嫌损害消费者、速卖通及第三方正当权益，或从事任何涉嫌违反相关法律法规的行为。

卖家在促销活动中发生违规行为的，速卖通平台有权根据违规情节，禁止或限制卖家参加平台各类活动。情节严重的，速卖通平台有权对卖家账号进行冻结、关闭或采取其他限制措施。